日本人の
おなまえっ!

日本がわかる名字の謎

NHK番組制作班・編
森岡浩・監修

集英社
インターナショナル

まえがきにかえて――

お名前の大海原から見えてくる日本人の原風景

善は人間の存在の維持に役立ち、活動能力を増大、促進させるものである――オランダの大哲学者、バールーフ・デ・スピノザは著書『エチカ』のなかで善をこう定義しています。といっても、スピノザの『エチカ』自体を読んだのではなく、『100分de名著』を観て知ったんですが、私が思ったことは……ご先祖さまたちの智恵が込められた名字、お名前は、スピノザの言う善ということです。

たとえば、いま黒という色には、ブラック企業のように悪いイメージがあります。

しかし、もともと日本では黒は悪いイメージばかりではなかった。黒の語源は「くらい」。それに中国から伝わった「黒」という漢字を宛てたわけですが、その漢字に悪い意味も含まれていた。

「白黒《しろくろ》をつける」という慣用句は、もともと囲碁の白黒からきていて、勝負をつける、雌雄を決するという意味です。一方、「黒白《こくびゃく》をつける」という言葉もありますが、黒白を音読みするように、やはり中国から入ってきたもので勝ち負け、善悪の意味合いが強いと考えられます。素人《しろうと》、玄人《くろうと》も、囲碁の白(白人《しろうと》)黒(黒人《くろうと》)が語源とされますので、むしろ黒のほうが強いわけです。

また、日本人には黒を神聖な色としてきた歴史もあります。大阪・住吉大社《すみよしたいしゃ》の神事で使われている鯨幕《くじらまく》。白と黒の縦縞ですが、黒は神様がいる異界を意味する神聖な色です。京都・檀王法林寺《だんのうほうりんじ》の黒い招き猫。夜を司《つかさど》る神、主夜神尊《しゅやじんそん》のお使いが霊力の強い黒猫とされているんです。同寺の聖なる招き猫伝説は、日本最古のものです。つまり、もともと、招き猫は黒かったのかもしれません。

また、黒いカラスは不吉な鳥と考えられがちですが、広島・厳島《いつくしま》神社にはカラスが建立《こんりゅう》場所の道案内をした「神《お》烏《がらす》伝説」が残っています。さらに、三本足の八《や》咫《た》烏《がらす》はサッカー日本代表のユニフォームのエンブレムでお馴染みですが、日本神話で神武《じんむ》天皇東征の道案内をした、神聖な鳥です。黒のつく名字が多いのは、ご先祖さまたちが黒にいいイメージを持っていたからこそです。戦国武将の鎧《よろい》、甲《かぶと》が黒いものが多いのは、黒には強いというイメージがあったからでしょう。

鬼、悪も強いという善のイメージで名字につけられたわけです。

毒島《ぶすじま》さんの「毒」にしても、薬という善の意味合いで使われています。

ちなみに、赤木野々花《あかぎののか》アナウンサーの赤木姓は、森岡浩《もりおかひろし》先生によると、主なルーツは九州と岡山。そのうち、岡山の赤木姓の由来ははっきりしているそうです。信濃国赤木郷《あかぎ》（現・長野県松本市寿小《ことぶきこ》赤赤木《あかあかぎ》）に住んでいた桓武平氏出身の武士が赤木姓を名乗り、鎌倉時代に岡山に移って、戦国時代まで有力武士だったという。もともと地名由来の名字なわけですが、赤木郷の由来になった赤い木は、日本人は紅葉の色をすべて赤としていたので、いまの赤ではない可能性のほうが高い。ところが、このことは謎のまま残っています。

しつこいようですが、古舘《ふるたち》の「舘」は「館」でも「舘」でもなく、左が「舎」の舌偏の「舘」です。

校舎、学舎《まなびや》のように「舎」自体に「舘」という意味がありますから、わざわざ「舘」にしたのは何らかの意味があると思います。草彅剛《くさなぎつよし》さんの「彅」のような物語があるといいんですが……。このの番組のスタッフはものすごく優秀ですので、赤木郷という地名の謎も含めて、いずれ解明してほしいところです。

2018年4月から、『日本人のおなまえっ！』は人間のお名前だけではなく、森羅万象さまざまなもののお名前にジャンルの幅を広げました。

そのことで、改めて、日本人はあらゆるもののお名前に善なるメッセージを込めて名づけていることがわかってきました。

そして、これまで以上に、日本人の根源にあるもの、あるいは日本人の原風景が見えるようになってきたという大きな手応えを感じています――本書はこの番組の3冊目の単行本になりますが、人間のお名前についての集大成とするつもりでつくりました。これからの番組にも、4冊目の単行本にも、期待してください。

私も含めて、制作スタッフ一同、これまで以上に強い意気込みで挑んでいくつもりです。

2019年1月　古舘《ふるたち》伊《い》知郎《ちろう》

第1章【知っていると自慢できる名字ウンチク】

第2章【超レア名字の謎を深掘り】

第3章【超難読名字の謎を大解明】

第4章【超びっくりな由来を持つ名字】

［装幀・本文デザイン］井上則人・坂根 舞（井上則人デザイン事務所）
［構成・編集］羽柴重文（株式会社ＢＩＯＳ）［編集協力］布川 剛
［撮影］五十嵐和博 ［校正］奥山温子 藤村希和 ［図版］タナカデザイン

【本書所収放送回】

【色のつく名字】2017年6月29日放送
【部のつく名字】2017年９月7日放送
【超レア名字】2017年9月21日放送
【お名前相談室ＳＰ１】2017年10月5日放送
【お名前相談室ＳＰ２】2017年10月19日放送
【おいしそうな名字】2017年11月9日放送
【数字のつく名字】2017年11月16日
【村がつく名字】2017年11月30日放送
【カラダ名字】2017年12月7日放送
【めでたい名字】2018年1月4日放送
【大阪名字】2018年1月18日放送
【お名前相談室ＳＰ３】2018年2月1日放送
【歴史のスターが付けた名字サマ】2018年3月15日放送
【朝ドラヒロイン おなまえのナゾ】2018年４月12日放送
【将棋のおなまえ大ギモン！】2018年5月31日放送
【クイズ王も読めない超難読名字】2018年６月7日放送
【望月はナゼ"もちづき"？】2018年7月5日放送
【船の○○丸の謎】2018年9月13日放送
【名乗りづらい名字】2018年10月4日放送
【京都ＳＰ　みやびな名字】2018年11月29日放送

『日本人のおなまえっ！』（ＮＨＫ総合テレビ木曜午後７時30分放送、火曜午前０時20分再放送）

【番組スタッフ】

［出　演］　古舘伊知郎　赤木野々花（ＮＨＫアナウンサー）　澤部 佑　宮崎 美子　森岡 浩
［監　修］　森岡 浩（名字研究家）　笹原宏之（日本語学者·漢字学者）

［リサーチャー］　今泉由香　岡 友紀子　宗村達　的野円香　渋井ゆりこ　河合紗希子
［ＣＧ制作］　鈴木 哲（スガタデザイン研究所）
［美術デザイン］　清 絵里子

［構　成］　樋口卓治　山本宏章
［ディレクター］　赤木直幸　光原朋秀　有本 誠　高見大樹　三日市篤史　町田 亘　池上祐生
木村和穂　増當一也　勝村武史　原田芙有子　岡崎明子　金井昭夫　阿久津万里
橋本真帆　八木下雄介　坂口春奈　中村拓史　井上国英　神戸一虎　坂井信二郎
［総合演出］　田中涼太
［プロデューサー］　糸瀬昭仁　一條淑江　鈴木伸嘉
［制作統括］　水高 満　松岡大介　国見太郎　亀山 暁

【取材協力·資料提供】

古舘プロジェクト　草彅稲太郎　草彅郁雄　種子島開発総合センター　埴生神社　宮城県地名研究会　葛井寺
奈良文化財研究所　日本地名研究所　五十嵐神社　菊池市教育委員会　海南神社　貴船神社（神奈川県）
佐久市立望月歴史民俗資料館　大伴神社　清浄寺　牧之原市教育委員会　鋸南町役場　細字印判店
氷見市立博物館　泊り農場　二戸市立二戸歴史民俗資料館　長岡市役所寺泊支所　明聖寺　八戸市博物館
堺市博物館　大安寺　ゆびすいグループ　観正寺　善正寺　如来寺　貴船神社（京都府）　片桐棲龍堂
NPO法人泉州佐野にぎわい本舗　上善寺　目細八郎兵衛商店　冷泉為人　京都市歴史資料館
北里大学東洋医学総合研究所　三重県立斎宮歴史博物館　越中八尾観光協会　四十物昆布　石川県立歴史博物館
尾粂商店　薩摩川内市歴史資料館　加古川市役所　東近江市蒲生コミュニティセンター

第1章

知っていると自慢できる名字ウンチク

【草彅さん】

「彅」には名将・源義家との深い関わりが秘められていた！

元SMAPで『ブラタモリ』のナレーションや俳優、歌手として活躍する草彅剛《くさなぎつよし》さん。草彅さんがいるから普通に**草彅**《くさなぎ》さんと読めるが、超難読名字であり、超レアな名字でもある。そして、その由来は……源氏の名将、源義家《みなもとのよしいえ》に授けられた名字なのだ。

秋田県仙北市《せんぼくし》。ここには国指定重要文化財の「草彅家住宅」がある。

「建てられたのは天保《てんぽう》年間ですので、180年は経っていると思います。言い伝えでは、源氏の源義家がこちらにいらしたときにお世話をして、その功績で草彅姓をいただいたことが名字の由来です」（草彅家住宅・草彅稲太郎さん）

源義家は源頼朝《よりとも》の四代前の武将。頼朝の祖父、源為義《ためよし》のさらに祖父だ。平安時代後期、陸《む》奥国《つのくに》の豪族、安倍《あべ》氏が反乱を起こし、前九年の役が勃発した。このとき、義家はこの地を訪れたのだ。実際、草彅家の本家、草彅郁雄さんの家には、義家の鎧と伝わる切れ端が残っている。さらに、草彅本家に残る江戸時代後期の古文書にはご先祖さまの功績が記されている。

「山道を案内していたときのこと。草がたいへん深かったので、長刀を給わり、草をなぎ払

源義家は『日本人のおなまえっ！②』「Part 5　名門・あべ一族の栄枯盛衰」、「"あべさん"にはなぜ、いくつもの書き方があるのか？」にも登場している

い、山越えできた。それで、草彅と名乗ることを許されたと書いてあります」（草彅郁雄さん）

草彅本家には「彅」という漢字が使われる理由も伝わっていた。「弓」は義家の代名詞。神の如くと評される腕前だったとされる。

草彅さんのご先祖さまはその義家の「前」で「刀」で草をなぎ払っていた——「彅」という漢字の部首「弓」「前」「刀」で説明がつく。

草彅さんの「彅」は源義家との深い関係を示していたのだ。

ちなみに、漢和辞典で「彅」を調べてみると、名字の「草彅」しか用例がなかった。オンリーワンの「彅」。覚えづらい漢字だが、「弓」「前」「刀」という部首の由来を知れば、記憶に残ること、間違いないだろう。

「いままで、草彅の由来を知りませんでした。本当にすごい。鳥肌が立つ思いがしました。『彅』という漢字を含めて、いろいろ疑問に思っていたことが、一瞬にして腑《ふ》に落ちましたよ。それにしても、義家さんはすごいネーミングセンスだと思います。それに、ご先祖さまは他人のために草を刈ってあげていた……いま、自分のなかに優しい気持ちが起きてきました（笑）」（草彅剛さん）

◆・・・・【歴史のスターが付けた名字サマ】

【羽生さん】

国民栄誉賞受賞の天才二人。名字の読み方が違う深い理由！

２０１８年２月13日、将棋の羽生《はぶ》善治《よしはる》九段が前人未到の「永世七冠」という快挙で国民栄誉賞を受賞した。４日後の２月17日、羽生《はにゅう》結弦《ゆづる》選手が平昌《ピョンチャン》五輪のフィギュアスケート男子シングルで二連覇を達成。７月には、羽生《はにゅう》選手も国民栄誉賞を受けた――２０１８年は将棋界、フィギュアスケート界の不世出の天才、二人の羽生さんが国民栄誉賞を獲得したわけだが、**羽生**《はぶ》さん、**羽生**《はにゅう》さんと読み方が違う。名字研究家の森岡浩さんはこう語る。

「羽生《はぶ》さんと羽生《はにゅう》さんは先祖が同じというような、直接の関係はありません。分布としては、羽生《はぶ》さんは鹿児島県が圧倒的に多い。それに対し、羽生《はにゅう》さんは東北、関東から新潟県と広い範囲に住んでいますが、比較的、宮城県に多いんです」

羽生《はぶ》さんは鹿児島でも種子島《たねがしま》と屋久島《やくしま》に集中している。羽生《はぶ》九段の祖父も種子島出身。また、種子島に羽生姓のルーツがあると言われる。

一方、羽生《はにゅう》さんは宮城県でもとくに登米《とめ》市に多いが、羽生《はにゅう》選手の祖父は同市出身。父の秀利さんは同市で生まれ育った。

そこで、種子島と宮城県を取材、羽生《はぶ》さんと羽生《はにゅう》さんの読み方の謎に迫ることにした。

種子島には現在、およそ70世帯の羽生《はぶ》さんが暮らしているという。

「種子島にお殿様がいて、先祖は誘われて家老をやっていたそうです。この島に来て以来、ずっとここに住んでいると聞いています」（羽生《はぶ》俊二さん）

羽生《はぶ》一族は代々、家老を務めた由緒ある家柄だったのだ。

種子島の島主、種子島家の居城は赤尾木城《あかおぎじょう》（種子島城）。羽生《はぶ》俊二さんの家から赤尾木城へ通う道は石段になっていて、いまも残っている。

種子島開発総合センターに羽生《はぶ》一族に関する古文書類が保管されていた。そのなかの『羽生氏家譜《はぶしかふ》』には「羽生《はぶ》の浦に着いたことで羽生《はぶ》を称した」と記されている。学問の神様、菅原道真《すがわらのみちざね》が九州に左遷されたとき、海路で嵐に遭い、羽生《はぶ》の浦に漂着。その後、羽生《はぶ》姓を名乗った菅原一族の一部が羽生《はぶ》さんの始まりだとされている。

福岡県中間市《なかまし》。同市垣生《はぶ》には埴生《はぶ》神社というお社《やしろ》がある。埴生が「はぶ」という音《おん》に宛てられた最初の漢字だという——ここに「羽生《はぶ》」の由来が秘められているのだ。

「『埴《はに》』は埴輪や土器などをつくる土のことです。この地はそういう赤土の粘土がたくさん採れるところ、『埴が出る』ところという意味で、最初、埴生《はにふ》という地名がつけられました。それが、だんだんと言いやすいかたちに変わっていって、現在の『はぶ』という言い方になっ

たんだと思います」（埴生神社・千々和公直宮司《ぐうじ》）

「はぶ」とは、埴輪や土器をつくるための赤い粘土が採れる場所のことだったのだ。

「当神社には馬をかたどった土像が残っています。詳細は不明ですが、何らかの祭祀が行われるとき、神様にお祀《まつ》りをされていたのかと思われます」（千々和公直宮司）

同じ場所から、古代人が祭礼に使った馬の土像のほか、大量の土器なども見つかっている。古墳時代後期から、この周辺で土偶や土器がつくられていたと考えられる。

それでは、羽生《はにゅう》さんは、どういう由来を持っているのだろうか？

宮城県地名研究会の太宰幸子会長はこう語る。

「『はに』は赤っぽい粘土のことで、『う』は採れるところを意味します。そこから、粘土などが採れるところを『はにゅう』と言うんです」

なんと「はにゅう」もまた、赤い粘土が採れる場所のことだった。

宮城県のほぼ中央に位置する黒川郡大郷町《くろかわぐんおおさとちょう》には、羽生《はにゅう》という地名がある。しかも、ここでも近くの古墳から、大量の埴輪や土器が出土していた。

「これは茶筒のようにすとんとしているので、円筒埴輪と呼ばれているんです。儀式的なことを行うための道具だったと考えられています」（太宰幸子会長）

羽生《はぶ》さんと羽生《はにゅう》さん、2つの名字は赤い粘土でつながった。

鹿児島県の離島と宮城県の中央、遠く離れたところで生まれた2つの名字は、なぜ同じ赤い粘土が名字の由来になったのだろうか？　古墳時代を専門とする考古学者、明治大学文学部・若狭徹准教授は、謎を解く鍵は埴輪、土器の色にあると言う。

「埴土《はにつち》は赤い粘土のことですが、赤には神聖なものという観念がある。ですから、埴土でつくった埴輪、土器の『赤』の持つ神秘性は非常に強いと思います」

古代人は「赤」を神聖だと感じていた。そして、赤い粘土でつくられた埴輪や土器には神秘的な力が宿ると考えて、儀礼や神事に使っていたのだ。

「土を採って、土器をつくり、そして神を祀って、支配する地域を栄えさせることが、豪族の使命ですからね。豪族たちにとって、赤い粘土が採れる場所はすごく重要なところだったと思います」（若狭徹准教授）

『日本書紀』には、神聖な山から採った埴土で土器をつくり、神を祀ったため、天下を治めることができたと記されている。赤い粘土、埴土が天下を治めるほどのパワーを秘めていたからこそ、採れる場所の地名が名字にまでなっていったわけだ。

将棋界、フィギュアスケート界で超人的な力を発揮する、羽生《はぶ》九段と羽生《はにゅう》選手。読み方は違えども、羽生さんという名字は不世出の天才二人にふさわしいものだった。

羽生善治九段に取材結果を番組が伝えると、返事をいただくことができた。

大郷町羽生の羽生天神社には、飛鳥時代、大和朝廷に羽毛を献上していて「羽を生む」＝羽生という地名になったという説も伝えられている

《まったく知らない内容ばかりで、とても興味深いです。羽生《はにゅう》さんとも共通点が見つかり、親近感を覚えました。　羽生善治》

◆……【将棋のおなまえ大ギモン！】

【藤井さん】

朝鮮半島の王族の末裔から始まったお名前だった！

2018年、将棋の藤井聡太七段《ふじいそうたしちだん》の勢いはまったく止まらなかった。5月に七段昇段（15歳9か月）、7月に通算100局（16歳0か月）、12月に通算100勝（16歳4か月）と、3つの最年少記録を更新。これまでの四段昇段（14歳2か月）、初勝利（14歳5か月）、通算50勝（15歳4か月）、一般棋戦優勝（15歳6か月）、全棋士参加棋戦優勝（15歳6か月）、六段昇段（15歳6か月）とあわせ、9つの最年少記録を持つ（2018年12月現在）。また、10月に第49期新人王に輝いた――現役高校生プロ棋士は、空前絶後の快進撃を続けている。

「藤井聡太さんの『ふじい』という名字には、おもしろい話があるんです」

そう語るのは、番組のご意見番、名字研究家の森岡浩さんだ。

「**藤井**さんという名字は山陽地方を中心として、全国にまんべんなく分布しています。ただ、『井』がつく名字は井戸が由来と思いがちですが、実は井戸だけではないんです。用水路や水汲み場など、水をもらえるところはすべて『井』なんです。藤井さんという名字の『井』も井戸ではなく、藤は植物の藤ですので、ルーツとしては、藤の花が咲いている用水路の近くに住んでいたという。さらに、古代までふじいさんという名字を調べていくと、違った風景が見えてくるはずです」（森岡浩さん）

大阪府大阪市。初めて「ふじい」を名乗った人の子孫がいるという。

ところが……藤井さんとは書かない。「葛井」と書いて、「ふじい」と読む**葛井**《ふじい》さんだ。

「『ふじい』とは、絶対に読んでくれなくて、かついさん、くずいさんとか、よく言われますね。ただ、勧誘、セールスの電話がかかってきたとき、『かついさんですか？』と聞かれて『違います』と答えられるので、撃退にはなります（笑）」（葛井《ふじい》由利子さん）

ただ、**葛井**《くずい》さんという名字もあるから、ややこしい。

元祖ふじいさんはなぜ「葛井《ふじい》」だったのだろうか？

古代史が専門の関西学院大学文学部・中西康裕教授は語る。

「古代日本では、『藤』と『葛』は混用されていたんです」

たとえば、平安時代初期に編纂《へんさん》された『続日本紀《しょくにほんぎ》』には「葛井河守《ふじいのかわもり》」と記されている人物が、平城宮から出土した木簡では「藤井川守《ふじいのかわもり》」と表記されているという。

「葛藤《かっとう》という言葉がありますように、葛と藤は蔦《つた》が絡み合う植物として混用されていたので、一つの熟語になっているんです」（中西康裕教授）

それでは、「葛《ふじ》」を使う、元祖ふじいさんとはどんな一族だったのだろうか？

奈良時代、葛井《ふじい》一族が創建に関わったとされる寺院が大阪府にある。

葛井寺《ふじいでら》。お寺があるのは藤井寺市藤井寺《ふじいでらしふじいでら》。

この寺の本尊は、葛井《ふじい》一族のために天皇が命じてつくらせた千手観音像だ。

「天平《てんぴょう》時代の傑作として、このお寺で１３００年、お祀りさせていただいております。実際に１０００本以上の手を持つのは、日本でこの方だけなんですよ。もちろん、国宝になっています」（葛井寺《ふじいでら》・森快隆住職）

葛井《ふじい》一族がこんな素晴らしいお宝を持つことができた理由は……。

「朝鮮半島の百済《くだら》からの渡来人。百済の王族だったんです」（森快隆住職）

葛井《ふじい》一族はもともと朝鮮半島の王族。

子孫が日本に渡り、政治の中心で大活躍していたのだ。

「日本で最初の体系的な法典『大宝律令』の選定で中心になった人物は、この一族の人間だ

藤井寺市にはプロ野球、近鉄バファローズの本拠地、藤井寺球場があった。1989 年の日本シリーズは近鉄3連勝から巨人4連勝で逆転優勝。同球場で行われた唯一の日本シリーズだった

とされています」（中西康裕教授）

天皇の側近などとして、他にも天才、英才、秀才を一族から多数輩出。その功績として授けられたのが、葛井《ふじい》姓だった。

さらに、このお名前には特別な意味が込められているという。

「『葛《ふじ》』は『不死』に通じますので、死なないとか、あるいは長寿である。生命力のようなものを思わせます」（中西康裕教授）

葛井《ふじい》一族のなかには、藤井聡太七段のような、図抜けた若き天才もいた。

葛井真成《ふじいのまなり》。真成は超エリートだけが選抜された遣唐使に19歳の若さで抜擢されている。

彼の才能は当時の最先端国家、唐の人々をも驚かせたという。真成は40歳前に中国で亡くなり、西安《シーアン》に眠るが、墓誌には優秀な人物で皇帝は死を悼み、尚衣奉御という官職を贈ったと刻まれている。また、皇帝は国費で盛大な葬儀をしたという。

葛井真成《ふじいのまなり》は若くして亡くなったが、長生きをしていれば、唐や日本で並ぶ者のいない官僚として大活躍していたに違いない――藤井聡太七段は、そんな葛井《ふじい》一族から始まった名字を持っているのだ。

◆・・・・【将棋のおなまえ大ギモン！】

【錦織さん】

「錦織部」から「部」が取れた名字だった!?

部のつく名字は飛鳥《あすか》時代に生まれ、栄華を誇った（136ページ参照）。少なくとも半数以上の庶民は、部のつくお名前を持っていたのだが、いまとなっては……むしろ、少数派と言ってもいい。部のつく名字が衰退していったのはなぜなのだろうか？

後述のように、奈良時代まで、部のつくお名前の人たちは決められた職種に就いており、彼らを管理していたのは貴族たちだった。ところが、一部の貴族が力を持ってきて、覇権を握ろうとした。企業でいえば派閥争いが起こり、いまで言う天皇家は力をつけてきた有力貴族に危機感を持つようになったと考えられる。

そこで……有力貴族の勢力を削ぐためにある構造改革が断行されたのだ。貴族たちの力の源泉は支配下の職能集団などにあった。部のつくお名前を持った人たちのことだ。奈良文化財研究所史料研究室・馬場《ばば》基《はじめ》室長はこう言う。

「そこで、縦割りを解体しようということになったんです。○○部はどの貴族の支配下にあるという縦割りではなくて、いまで言う天皇家のもと、すべての人がこの国の民として暮らしていこうということです。それで、どの貴族の支配下にあるのかを示していた、○○部を名乗ることの意味が失われて、部の文字が省略されていったんです」（馬場基室長）

ただ、もともと○○部は人間のお名前だったのだが、その人たちが住んでいる土地のお名前にもなっていた。つまり、地名として部のつく名字は名残をとどめたのだ。

「ですから、矢部さんにしても、ご先祖さまが矢をつくっていたのではなく、矢部という土地に住んでいたことが由来になって矢部姓になった人もいるんです」（馬場基室長）

部がつくお名前は地名になったことで、さらに名字から「部」が外されていったのだ。古代の地名に詳しい、日本地名研究所の関和彦所長は語る。

「713年に『諸国郡郷名著好字令（好字令、好字二文字化令）』が発布されました。この勅令は『いい意味の漢字二文字で地名をつけよ』というもの。元明《げんめい》天皇が唐に憧れて、長安《ちょうあん》や洛陽《らくよう》のように日本の地名を変えようとしたのがきっかけです。好字二文字化令で3文字以上だった地名が2文字に変えられていった。その流れが生きているので、現在も2文字の地名が多いんです。結果、人名もその影響を受けました」

久米部《くめべ》さんが**久米**《くめ》さん、**玉造部**《たまつくりべ》さんが**玉造**《たまつくり》さん、**春日部**《かすかべ》さんが**春日**《かすが》さん、**犬養部**《いぬかいべ》さんが**犬養**《いぬかい》さん……2文字にするために、部が省かれていった。世界的なテニスプレイヤー、錦織《にしこり》圭《けい》選手の**錦織**さんも、もともとは**錦織部**《にしごりべ》さんという3文字の名字だった——日本人のお名前

錦織は「にしこり」「にしごり」だけでなく、「にしこおり」「にしごおり」「にしきこうり」「にしきおり」「にしきお」「にしおり」などとも読む。テノール歌手の錦織健さんの本名は「にしこおり」だが、正しく読まれないため「にしきおり」としているという

は地名由来が多いため、部のつく名字は激減してしまったのだ。

「錦、綾を織っていた錦織部では、『織』を省いて、部を残すパターンもあります。**錦部**さんの読みも『にしごり』『にしこり』と読むんですけれど、部を省いたほうが読みやすい。ですから、当然、部のない名字のほうが多いんです」（馬場基室長）

◆……【部のつく名字】

【丘田さん】

岡田さんに比べ、レアな理由はどこにある？

岡田さん、**岡村**さん、**岡本**さんはよく聞く名字だ。ところが、**丘田**さん、**丘村**さん、**丘本**さんが身近にいる方は珍しいだろう。
「岡田さんは全国で38万人くらいいると思います。それに対して、丘田さんは関西を中心にたぶん10世帯ほどです」（森岡浩さん）
さらに地名でも、「岡」と「丘」には使い分けがある。「岡」は岡山、福岡、静岡、盛岡、長岡、亀岡、富岡、豊岡など、県や市のお名前に広く使われているが、「丘」は東京の自由が丘や神奈川の希望ケ丘など、ニュータウン以外の名前ではほとんど見かけない。いったいなぜ「岡」と「丘」にこんな使い分けが生まれたのか？

この謎を解くカギが、「オカ田さんがオカを登る」という文章にあるという。

2つの「オカ」をどちらの漢字で書くのか、東京・巣鴨《すがも》で街頭インタビューをしてみた。

60代女性3人は、ともに「岡田さんが丘を登る」だった。70代男性も「岡田さんが丘を登る」。「オカを登るには、古賀政男《こがまさお》先生作曲の『丘を越えて』の印象がありますからね」とのこと。

ところが、さらに年代をあげて、80代の女性に聞いてみると、驚きの結果が！

なんと、「岡田さんが岡を登る」と書くという。

他にも87歳女性、84歳女性、82歳女性、79歳男性が「岡田さんが岡を登る」。

どうやら80歳前後を境にして、地形のオカも「岡」と書く人が多いようだ。

なぜ、年代によって、このような違いが出るのだろうか？ 戦前に出版された本で検証してみると……文豪・永井《ながい》荷風《かふう》の随筆『日和下駄《ひよりげた》』（大正4年）に「東都の西郊目黒に夕日ケ岡というがあり」とある（「第十一　夕陽　附富士眺望」）。「夕日ケ丘」でなく、「夕日ケ岡」と記されているのだ。さらに、昭和18年の国語の教科書にも「岡を越え」（『初等科國語　五』）とあった。漢字の歴史に詳しい、早稲田大学社会科学部・笹原宏之《ささはらひろゆき》教授は語る。

「奈良時代から戦後すぐまでは、地形のオカも岡という漢字がずっと主流だったんです」

実は、日本人が地形や地名に「岡」を使い始めたのは奈良時代のこと。『古事記』にも伏見岡ほか、「岡」がつく地名がでてくる。「丘」はどんな意味で使われてきたのだろうか？

「丘陵の『丘』は多くはお墓という意味で使われてきました。土を盛ってつくったお墓のことで、小ぶりな『オカ』のことも意味します」（笹原宏之教授）

つまり、日本人はもともと普通のオカには「岡」という漢字を宛て、1200年以上、地名にも名字にも「岡」を使ってきたのだ。静岡や福岡など多くの地名に「岡」を使うのはそのためなのだが……。

「ところが、戦後、使う漢字を制限しようと、『当用漢字』が決められました」（笹原宏之教授）

第二次世界大戦後、漢字は数が多すぎて学ぶのがむずかしいとされて、制限または廃止すべきという意見が強まった。そして、1946年、日常生活や学校で使う漢字は、わずか1850字に制限されることになったのだ。

「当用漢字には、訓読みしかない漢字はなるべく採用しないという基本方針がありました。そのときに、『岡』は除外されてしまったんです」（笹原宏之教授）

「丘」の訓読みは「おか」、音読みは「きゅう」。「岡」にも「こう」という音読みがあるのだが、使われることは滅多にない。そのため、これ以降、「岡」は当用漢字から外され、学校で教わる地形や地名のオカは「丘」に統一されていった。

70代までの世代が「丘を登る」と書くのは、この教育方針の影響なのだ。さらに、高度経済成長期に造成された新興住宅地、団地に緑ヶ丘、聖蹟桜ヶ丘《せいせきさくらがおか》、希望ヶ丘、ひばりが丘など、新時代の息吹が感じられる「丘」がモダンな生活スタイルの象徴として、定着していった。

「『丘』のイメージは近代的で、明るくて、軽い。音読み『きゅう』の『丘』のイメージをうまく活用し、町名にするところが多かったんです」（地名研究家、筑波大学・谷川彰英名誉教授）

当用漢字と地名、町名の丘ブームによって、いま私たちが常識だと考えている「オカ」の意味は、この70年で大きく変わったわけだ。

ところで、当用漢字から外れ、学校の国語の授業で長らく取り上げられなかった「岡」に、最近になって変化が起きている。２０１２年度から中学校で教えられるようになり、さらに、小学校でも２０１８年４月から教えられているのだ。地理では岡山県、福岡県、静岡県という県名を教えているし、名字にも普通に使われている。

70年経って、やっと、「岡」も日の目を見ることになったわけだ。

「当用漢字に不都合が生じてきたので、後継として１９８１年に１９４５字の常用漢字が決められました。ただ、ここにも『岡』は入らず、２０１０年に改められた２１３６字の改定常用漢字でやっと加えられたんです」（笹原宏之教授）

◆‥‥【クイズ王も読めない超難読名字】

【五十嵐さん】

もともと「いからし」と読む名字だった⁉

「日本の名字人口ランキング」113位の**五十嵐**さん。メジャーな名字のため、普通に「いがらし」と読めるが、この読み方も不思議だ。そのうえ、「いからし」と読むこともある。なぜ、五十嵐さんは「ごじゅうあらし」と読まず、いがらしさん、いからしさんなのだろうか？

五十嵐さん人口が多い都道府県はどこなのだろうか？

「1位が新潟県、2位が山形県、3位が福島県です。そして、この3県で五十嵐さんの4割以上を占めます」（森岡浩さん）

五十嵐さんは県別の名字人口ランキングで新潟県が9位、山形県が10位、福島県が16位。ただ、県の人口は新潟県が約225万人、山形県が約109万人なので、新潟県に住む五十嵐さんが圧倒的に多いのだ。そこで、まず、新潟県新潟市で「いがらし」「いからし」、どちらの読み方が多いのかを調べてみることにした。

すると……意外な結果が判明した。新潟市では7割以上が「いからし」と読むのだ。

「五十嵐さんという名字は新潟県三条市《さんじょうし》が発祥の地とされます」（森岡浩さん）

三条市飯田《いいだ》の五十嵐神社。ここに、五十嵐さんのルーツがあるとされる。
「五十嵐神社は『いがらし』でなく、『いからし』と濁りません」（五十嵐神社・金澤光幸宮司）
金澤光幸宮司は、五十嵐さんのルーツであることを示すものを見せてくれた。
「当神社の祭神の御陵です」（金澤光幸宮司）
五十嵐神社の祭神は第11代天皇、垂仁《すいにん》天皇の第8皇子、五十日《いか》帯《たらし》日《ひ》子命《このみこと》。五十日帯日子命には、2000年以上前、新潟周辺を開拓、稲作を広めたという伝説が残っている。
「五十日《いか》帯《たらし》の『いかたらし』が五十嵐神社という神社名の発祥と言われます」（金澤光幸宮司）
二十日と書いて「はつか」と読むように、五十日は「いか」と読む。もともと、五十日の「いか」も帯の「たらし」も大和言葉《やまとことば》。万葉文字でその意味から、「いか」は「五十日」、「たらし」は「帯」と表記された。
そして、その後、「いか（た）らし」という音から、「五十嵐」という漢字を宛てたと考えられる。だが、依然、「いからし」「いがらし」問題が残る。
「山形県、秋田県では五十嵐さんを『いがらし』と読むほうが一般的です」（森岡浩さん）
どこに「いからし」「いがらし」の境目はあるのだろうか？
新潟県から山形県を経て、秋田県へ北上してみることにした。
三条市から海岸線を北へ50㎞の新潟県胎内市《たいないし》。「五十嵐」をどう読むか街頭インタビューをしてみると……75%と圧倒的にいからしさんが多い。さらに、山形県との県境に接する村上市へ北上する。「村上市では『いからし』と濁りません。私の名字は『いがらし』なんですが、子供の頃、埼玉県から引っ越してきたんです」(30代女性)。80%がいからしさんだった。

山形県へ入って、調査を進める。すると、鶴岡市鼠ヶ関《つるおかしねずがせき》では、いからしさんは55%。半数近くが、いがらしさんになってきた。

実はここには、福島県の白河関《しらかわのせき》、勿来関《なこそのせき》とともに「奥羽三関《おううさんせき》」と呼ばれる、鼠ヶ関《ねずがせき》という関所があった。古代から関東と東北を隔てる重要な場所だったのだ。

鶴岡市鼠ヶ関から10㎞ほど北上した、鶴岡市温海《あつみ》。ここでは、90%がいがらしさん！

かつて関所があった鼠ヶ関が「いからし」「いがらし」の境界線だったのだ。

では、なぜ新潟県のいからしさんが、山形県に入るといがらしさんになるのだろうか？

断定はできないが、これは東北地方の方言の特徴に原因があると考えられる。

「東北地方の方言で大きな特徴は濁音が多いことです。か行はが行、た行はだ行で発音される。そのため、本人は『いからし』と言ってるつもりでも、『いがらし』と聞こえてしまうんです」(森岡浩さん)

このことで、東北ではいがらしさんが増えていったと考えられる。

◆‥‥【お名前相談室SP1】

【高田さん】

広島県では「たかたさん」が約8割な理由は？

「いからし」「いがらし」以外にも、「やまさき」「やまざき」など「崎」（「﨑」「嵜」「埼」「碕」「㟢」など「先」などを含む）、「たかだ」「たかた」など「田」（「多」「夛」などを含む）が入った、清濁どちらにも読める名字もたくさんある。

「大ざっぱに言うと、東日本ほど濁音で発音することが多い傾向があります」（森岡浩さん）

番組が主要都市で街頭インタビュー調査をしたところ、**山崎**さんの場合、やまざきさん率は札幌市が98％、仙台市が98％、東京23区が98％、新潟市が99％、金沢市が98％、名古屋市が96％と、東日本はやまざきさんが圧倒的多数だった。

一方、西日本では濁らないやまさきさん率は大阪市が66％、広島市が96％、高松市が100％、福岡市が90％、鹿児島市が95％とやまさきさんの圧勝だ。

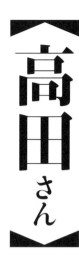

「兵庫県姫路《ひめじ》市辺りを境界線にして、がらっと変わるんです」（森岡浩さん）

映画、ドラマ化もされた人気コミック『釣りバカ日誌』の主人公、浜ちゃんこと浜崎伝助は、「はまさき」と濁らないことにこだわる。浜ちゃんは宮崎県都城《みやこのじょう》出身という設定。原作のやまさき十三さんも都城市出身だ。ペンネームをひらがなにしているのは、「やまざき」と濁らないことを主張したいからだろう。

　ところが、**高田**さんはまったく違った。札幌市が99%、仙台市が97%、東京23区が97%、新潟市が99%、金沢市が52%、名古屋市が95%、大阪市が93%、高松市が１００%、福岡市が53%、鹿児島市が91%とたかださんが過半数を占める。唯一、広島市はたかたさんが82%。これは、どういうことなのだろう？　高田さんは地名由来の代表的な名字。日本全国１００か所以上に高田という地名があり、大部分が「たかだ」と読む。なぜ、広島県は「たかた」と読むのか？

「広島県には高田郡という郡がありました。現在の安芸高田市《あきたかたし》全域、広島市安佐北区《あさきたく》の一部、三次市《みよしし》の秋町《あきまち》、粟屋町《あわやまち》ですが、高田郡は『たかたぐん』と読んでいた。ですから、広島の人たちにとって、高田を『たかた』と読むのが常識みたいなものなんです」（森岡浩さん）

　高田さんは由来になった地名の読みによって、清濁が決まっていたのだ。

　福岡市は47%がたかたさんと濁らないが、福岡市に近い福岡県飯塚市《いいづかし》高田、同糸島市《いとしまし》高田、同豊前市《ぶぜんし》高田、同朝倉郡筑前町《あさくらぐんちくぜんまち》高田は「たかた」と読み、濁らない。ちなみに、日本でいちばん有名なたかたさん、ジャパネットたかたの高田明元社長は平戸市《ひらどし》出身。平戸市は長崎県だが、福岡県に近い県北西部に位置している。

【菊地さん】

菊地さんと、菊池さん、なぜ2つあるのか？

菊池さんと**菊地**さん。菊池さんは名字人口ランキング110位で人口約17万人、菊地さんは95位で人口約19万人、どちらもメジャーな名字だ。ただ、土偏の「地」とさんずいの「池」、漢字が似ているため、書き間違えられやすい。それも、なぜか菊地さんが菊池さんと誤記されることのほうが多いようだ。それは、なぜなのだろうか？

全国約36万人とされるきくちさんについて、都道府県別で見ていこう。菊池さんがもっとも多いのは岩手県。岩手県の名字人口ランキングで堂々の5位だ。一方、菊地さんが多いのは北海道だ。北海道の名字人口ランキングで22位。これ以外、菊池さんが名字人口ランキングで30位以内に入っているのは、茨城県（13位）、菊地さんは秋田県（24位）、福島県（21位）、栃木県（14位）。きくちさんは関東以北に多いようだが……。

「実はきくちさんのルーツは熊本県菊池市にあります」（森岡浩さん）

菊池さん、菊地さんは地名の菊池市から、どのように生まれたのだろうか？

菊池市教育委員会の西住欣一郎さんがルーツになった場所へ案内してくれた。

「菊池則隆《のりたか》の墓です。則隆が菊池家の初代なんです」（西住欣一郎さん）

はじまりは「池」の菊池だった。菊池則隆は平安時代、この地で活躍した豪族。則隆は大宰府《だざいふ》の要職を務めてきたが、1070年（延久《えんきゅう》2年）に太宰府天満宮領の荘園、赤星荘の荘官としてこの地に赴任したという。もともとは藤原姓だったとされるが、あることがきっかけで、菊池姓へ変えたと伝えられている。

そのきっかけとは……。西住欣一郎さんは、菊之池公園の菊之池跡でこう語る。

「則隆がここへきたときには、周りに菊の花がいっぱい咲いていて……素晴らしい景色に感動して、菊池に名前を変えたと言われています」

当時、菊は中国から日本に入って間もなく、長寿を象徴する花として宮廷などで高貴な人々に珍重されていた。それだけ、則隆の感動も大きかったのだろう。

では、なぜ熊本県がルーツの菊池さんは、いま、関東以北に多いのだろうか？

そして、菊地さんが誕生したのはどういう経緯だったのだろう？

初代・則隆以降、菊池一族は九州を制圧するまで勢力を伸ばした。そんななか、源頼朝の奥州藤原征伐に派兵された菊池一族が土着していったことも、東北に菊池姓が多い理由とされる。ところが、時代を経て、南北朝時代、南朝側についた九州の菊池一族は敗北、一族内の争いもあって、衰退していく。結果、菊池一族は日本各地に離散、なるべく遠くへ離れようという思いから、その多くが関東以北に向かった。たとえば、現在、岩手県遠野市《とおのし》は人口の2割が菊池姓だが、このときに落ち延びた一族の末裔だと考えられている。また、追っ手を逃れるために、菊池一族の多くが「池」を「地」に変えて菊地姓にしたとされる。

「武士をやめて、農業や漁業に従事、土着した菊池一族の多くも菊地姓にしたという説もあります」（森岡浩さん）

戦国時代になると、九州の菊池本家は滅亡。一方、その後、関東以北の菊池さん、菊地さん一族は繁栄していったのだ。ところで、菊地さんと菊池さんが書き間違えられやすいのはなぜなのだろう？　その理由は本家が菊池さんだったからとは思えない。パソコンで入力すると、なぜか菊地さんより菊池さんが先に出てくる。そこで、大手ソフトウェア会社に取材をしてみると……。〝菊池〟と変換されることが多いからとのことだ。それは、作家で文藝春秋社（現・文藝春秋）創業者、菊池寛《かん》さん、デザイナーの菊池武夫《たけお》さん、タレントの菊池桃子《ももこ》さん、プロ野球選手の菊池雄星《ゆうせい》さん。菊池姓の有名人が多いことに原因がありそうだ。

なるほど、菊地姓の有名人はあまり思いつかない。もともと、菊地さん人口は約19万人に対して、菊池さん人口が17万人と僅差。きくちさんと聞くと、多くの人が菊池さんを思い浮かべるからという理由が大きいようだ。

◆・・・・【お名前相談室ＳＰ３】

【三浦さん】

「三」は神聖であることを意味していた！

名字に一番多く使われている数字は何だろう？

一から十までの数字になるだろうが、なかでも多いものと少ないものははっきりしている。たとえば、一はあまり多くない。一田《いちだ》さん、一村《いちむら》さん、一原《いちはら》さん、一島《いちしま》さん……。あまり、なじみのない名字が並ぶ。しかし、一を三に変えてみると、三田《みた》さん、三村《みむら》さん、三原《みはら》さん、三島《みしま》さんとぐっと親しみ深くなる——実際、名字に一番使われている数字は三なのだ。

名字人口ランキング1万位以内の三がつく名字は111種類で1位。2位の八の38種類、3位の二の32種類を大きく引き離してトップだ。

4位は一で30種類、5位は五で21種類、6位は四で17種類、7位は七で9種類、8位は十で7種類、9位は六で5種類、10位は九で3種類となっている。

それでは、なぜ三のつく名字が多いのだろうか？　三のつく名字のなかで、ランキング最上位は46位の三浦さん。三浦さんの由来を探ることで、その理由がわかるかもしれない。

「三浦さんは東北に多いんですが、神奈川県の三浦半島にルーツがあります」（森岡浩さん）

三浦さん発祥の地、神奈川県三浦半島。まず、三浦という地名の由来を調べていくことにした。街で由来を聞いていくと……「小さな入江、浦が3つあるからかも。でも、この辺には入江はたくさんあるから違うんでしょう」「三方、浦に囲まれているからかも」「そういう話は、お寺や神社に聞くのがはやいですよ」。

そこで、三浦市でもっとも長い歴史を持つ海南《かいなん》神社に向かうことにした。

相州《そうしゅう》三浦総鎮守海南神社。982年（天元《てんげん》5年）の建立と伝えられ、1719年（享保《きょうほう》4年）には三浦半島の総鎮守となっている。

「平安時代末期、平家の武将がこの地に住んだことから三浦と名乗り、三浦姓の由来となったという記録が残っています」（海南神社・米田郷《よねださとみ》海宮司）

三浦さんの元祖とされる武将は、平家の血筋の村岡為通《むらおかためみち》。為通は前九年の役（12ページ参照）の功績により三浦半島を与えられ、三浦姓を名乗ったとされる。

「三浦姓は数字の『三』を使っています。しかし、もともとは違う字が使われていたんです。こちらの神社にはその名残があります」（米田郷海宮司）

江戸時代に奉納された石の灯籠。そこには「相模国《さがみのくに》御浦郡」と刻まれていた。

「『三』ではなく『御』。元々の地名は御浦《みうら》だったんです」（米田郷海宮司）

この「御」という字は、どういうことを意味しているのだろうか？

古代史に詳しい、國學院大學・三橋健元教授はこう語る。

「『御』はこの湾が神様のお持ちのもの、あるいは天皇のお持ちのものであることを意味しています。とても神聖なものであり、三浦半島はもともと天皇のご所有されていたものであるという考えがあったんです」

そんなにありがたい「御」をなぜ「三」に変えたのだろうか？

「さまざまな理由が考えられますが、天皇のものである『御』を遠慮したのだと、私は思います。そもそも神様や天皇は畏れ多く、口にするのもはばかられるということです。また、三三九度、七五三など、縁起のいい言葉にも使われていますから、そもそも『三』は神聖な、数字なんですよ。そのため、『三』は三浦さんなど、名字にもことのほか多く使われているのだと思います」（三橋健元教授）

日本には、御浦以外にも「御」のつく地名がたくさんあった。その多くが「三」に地名を変えて、その地に住む人たちが、三のつく名字を名乗ることになったのだ。

「三三九度、七五三以外でも、一月七日（人日《じんじつ》）、三月三日（上巳《じょうし》）、五月五日（端午《たんご》）、七月七日（七夕《しちせき》）、九月九日（重陽《ちょうよう》）の五節句も、すべて奇数です。これは、日本では奇数が縁起がいいと考えられてきたからです」（森岡浩さん）

◆‥‥【数字がつく名字】

【赤木さん】

日本人にとって赤、青、黒、白は特別な色だった！

赤川《あかがわ》さん、**赤坂**《あかさか》さん、**青木**《あおき》さん、**青山**《あおやま》さん、**黒川**《くろかわ》さん、**黒沢**《くろさわ》さん、**白井**《しらい》さん、**白川**《しらかわ》さんなど、色のつく名字はかなりある。番組ＭＣの赤木《あかき》野々花《ののか》アナウンサーの**赤木**さんも色のつく名字だ。次ページ右下の表は名字人口ランキング１０００位以内の色のつく名字を、人口順に並べたものだ。名字につけられた色を見てみると……20位の紺野さん以外、「赤」「青」「黒」「白」の４色で占められている。これはなぜなのだろう？

「色のつく名字について考えてみると、昔の日本の人が色をどういうふうにとらえていたのかが、見えてくると思います」（森岡浩さん）

静岡県富士宮市《ふじのみやし》の田貫湖《たぬきこ》。富士山の西麓、朝霧《あさぎり》高原にある人気観光スポットだ。ここに、４つの色が多くの名字に使われる理由を知る手がかりがあるという。

真夜中の田貫湖。周囲は漆黒の闇に包まれている。

「黒いは暗いに由来しているんです。暗いがくろい、黒いになっていったという」（日本色彩学会・橋本実千代さん）

夜明け前、景色はだんだん青く染まっていく。日が沈む夕暮れは誰そ彼《たかれ》（黄昏）時《どき》というのに対して、夜明け前は彼《か》は誰時《たれどき》。どちらも辺りは薄《うす》ぼんやりとして、漠《ばく》としている。

「青の語源はこの『漠』なんです。ぼんやりとして、はっきりとしない色を昔の人は漠《あお》いと表現していました」（橋本実千代さん）

日が昇り始めると、周囲は明るくなり、橙色《だいだいいろ》に染まっていく。明るくなること、「明かし」が「赤」の語源とされる。

田貫湖は「ダブルダイヤモンド富士の聖地」と言われる。年に2回、4月下旬と8月下旬、この田貫湖の栈橋辺りから、富士山の山頂が昇る朝日にぴったりと重なるのが見えるのだ。その瞬間、湖畔はダイヤモンドのような眩い輝きに包まれる。そして、湖面には山頂の朝日がくっきりと映り込む。ダブルダイヤモンド富士を愉しめる。

日が昇る瞬間、周囲に人工物が少ない田貫湖では、それほどの眩さでないにしろ、湖畔は

色のつく名字人口ランキング

1位	青木	41位
2位	黒田	159位
3位	白石	213位
4位	青山	217位
5位	白井	264位
6位	黒木	308位
7位	黒川	325位
8位	黒沢	336位
9位	石黒	382位
10位	青柳	401位
11位	白川	487位
12位	黒岩	657位
13位	赤松	668位
14位	赤木	752位
15位	目黒	759位
16位	赤坂	791位
17位	青野	793位
18位	黒崎	888位
19位	白鳥	919位
20位	紺野	952位

森岡浩さん調べ

眩いばかりの強い光に包まれて、空も湖面も白一色となる。「白」の語源は「顕《しる》し」。顕しは日が昇り、景色がはっきりと見えるさまを表しているのだ。

古代の日本人も田貫湖のような景色、色の移り変わりを目の当たりにしていた。また、虹の7色、「赤」「橙」「黄」「緑」「青」「藍」「紫」を見ていただろうが、おそらく7色とはとらえていなかった。赤い、青い、黒い、白いとは言うが、橙い、緑い、藍い、紫いという日本語表現はないのは、そのためだと考えられる。色の三原色の一つ、黄にしても、黄色いと「色」をつけることになる。

また、赤々、青々、黒々、白々と、この4色だけ言葉を重ねた表現がある。

古代の日本人には「赤」「青」「黒」「白」は特別な存在であり、おそらく、この4色が彼らにとっての色だったと考えられるのだ。

「日本人にとって、色とは日本の自然から溢れ出る光そのものなんです」（橋本実千代さん）

◆‥‥【色のつく名字】

そのため、色のつく名字で、この4色が圧倒的に多いのだ。

「日本で名字が多く生まれた時代は平安時代の終わりから鎌倉、室町時代くらいまで。7世紀初頭に『黄』や『紫』などの漢字が入ってきていますが、その頃まで、色は『赤』『青』『黒』『白』の4色と考えていたんだと思います」（森岡浩さん）

【青木さん】

源頼朝が落ち延びたとき、名づけ親になった!?

色のつく名字人口ランキングで1位は**青木**さん。なぜ、多いのだろうか?

「青木さんはほとんどが地名由来なんですが、青木という地名は全国各地にたくさんあるんです。しかも、1か所から始まったわけではなくて、同時多発的に青木という地名が各地で生まれたと考えられています」(森岡浩さん)

相模湾に面する神奈川県足柄下郡真鶴町《あしがらしもぐんまなづるまち》。青木さんが人口の10%近いとも言われる青木率、全国トップの町だ。ただ、真鶴町の青木さんは地名ではなく、まったく違う由来を持つ。

鎌倉幕府を開いた源頼朝が、この町の青木さんの名付け親だという伝承が残っているのだ。

「こちらが、源頼朝公が隠れていたと言い伝えられている『しとどの窟《いわや》』です」(貴船《きぶね》神社・平井泰行禰宜《ねぎ》)

真鶴港を望む「しとどの窟」という岩山の洞窟。源頼朝は伊豆で源氏再興のために挙兵したが、1180年(治承《じしょう》4年)の石橋山《いしばしやま》の戦《いくさ》で平家に敗れて、さまざまな場所に身を潜めていた。そのひとつが真鶴の「しとどの窟」だったという。ただ、洞窟の入口は外からわかりやすかった。

「それで、真鶴の人が洞窟の入口をわかりにくいようにアオキという木で隠した。その功績で頼朝公から青木姓を授けられたと伝えられています」（平井泰行禰宜）

真鶴町の青木さんは、頼朝がアオキという植物から命名したものだったのだ。

アオキは高さ2mほどの常緑低木。日陰でもよく育ち、公園の植え込みなどに植栽されている。ただ、アオキは青くなく、葉ばかりか枝までもが緑色だ。なのに、なぜミドリキでなく、アオキと命名したのだろうか？

これは日本人の色彩感覚に理由がある。明治時代初期に編纂された語源の辞典『本朝辞源（上）』では、青の項目にこう記されているのだ。「ああ多しということなり。天も青く山野も青く海も青し故にこの色を『ああおおし』と云うなり」。現代の感覚だと、天は青だが、山野は緑だ。そして、この辞典では青の英語を「Ｇｒｅｅｎ」としているように、青には緑も含まれていたのだ。

青物、青葉、青ネギ、青ジソ、青のり……すべて、実際の色は緑だ。また、国際的に交通信号機の色は赤、黄、緑と決められているが、日本では緑を青と言っている。

やはり、緑も青とされていたのだ。

「もともと、緑は色ではなく、『若い芽』『新芽』という意味で使われていました。『万葉集』

でも色ではなく、そういう使い方で出てきます」（橋本実千代さん）
かつては、赤も幅広い色が含まれていた。たとえば、山々が色鮮やかに染まる紅葉。だが、木々は紅色、赤だけでなく、茶色、橙色などにも染まっている。それなのに、「紅葉で山々が赤くなる」と違和感なく言っている。もともと、日本人は黄色も赤に含めていたのだ。
「銅《あかがね》さんという名字があります。銅は橙色ですが、昔は橙色も赤に含まれていたので、そういう読み方をするのだと思います」（森岡浩さん）
日本人にとって、色とは日本の自然から溢れ出る光そのものだ――このことは、光の三原色＝「赤」「青」「緑」から考えるとわかりやすい。光がないところは「黒」、青と緑と赤、三色の光がミックスされると「白」い光になる。
「昔の日本人は『青』と『緑』、それに青と緑の光が混じって生まれる『水色』を『青』と考えていました。一方、『赤』は『赤』と、赤と緑の光がミックスされた『黄』、『赤』と『青』で生まれる『紫』だったんです」（橋本実千代さん）
テレビやパソコンの画面では、光の三原色、「R（赤）」「G（緑）」「B（青）」ですべての色を再現している――古代から、日本人はそういう色彩感覚を持っていたということなのかもしれない。

◆‥‥【色のつく名字】

19世紀後半のフランス絵画界を席巻したモネやルノアールなどの「印象派」。浮世絵に大きな影響を受けたが、その最大の特徴は光の表現。日本人の色彩感覚が反映されたと考えられる

【望月さん】

日本人の月への思いが込められていた！

望月さんという名字は8割が長野県、山梨県、静岡県、神奈川県、東京都に集中している。名字人口ランキング162位だが、関東甲信越にお住まいの方には馴染み深いお名前だろう。そのため、自然に「もちづき」と読めるが、考えてみると、難読名字のひとつだ。

なぜ、「望」を「もち」と読むのだろうか？

望月発祥の地、長野県佐久《さく》市《し》望月で取材をしてみると、望月とは満月ということがわかった。

「満月は中国から入ってきた言葉で古代の日本にはありませんでした。もともとの日本語の満月は『もちづき』『もち』という言葉だったんです。『もち』は何かが満ちる、丸くなるという意味です。それで、『もち』に中国から入ってきた『望《ぼう》』という漢字を宛てたんです」（明治大学国際日本学部・田中牧郎教授）

日本では古来、満月のことを「もちづき」と言っていた。だが、それなら「もちづき」という言葉に「満月」という漢字を宛てればいいだろう。なぜ、わざわざ「望」という漢字を宛てたのか？ 田中牧郎教授は平安時代に編纂された辞書を手にこう説明してくれた。

「『望』の訓（意味）はまず『ネカフ＝願う』とあり、次に『ミツ＝満つ』とあります。『望月』には、月を遠くから望みながら何かを願うという意味があるんだと思います」

「望」には願うという意味があるからこそ、「もち」という言葉に宛てたのだ。

「日本人は古くから、月の満ち欠けをもとに生活していました。月が大きくなっていくことに、万物の生命力を感じていた。とくに、望の日、満月の日は最高の生命力に溢れる夜だという考えがあったんです。ですから、望月の日、お月さまに豊作を祈願していた。願うという意味が『望《もち》』という言葉にあったからこそです」（國學院大學文学部・新谷尚紀教授）

ただ、どのような経緯で望月姓は増えていったのだろう？　佐久市立望月歴史民俗資料館の上原美次館長は、その理由がわかる場所があるという。案内してくれたのは、標高約８００ｍの台地。一面に畑が広がり、一見、何のへんてつもない場所のように思えるが……。

「よく見ると、溝跡があります。これは、馬が逃げないように掘ったものです。実はこの場所は牧場跡なんです」（上原美次館長）

ここ御牧《みまき》ヶ《が》原台地《はらだいち》には、古代から中世にかけて、朝廷が使う馬を育てる御料《ごりょう》牧場があったのだ。だが、牧場と望月にはどういう関係があるのだろう？

「ここは『望月の牧』と呼ばれていて、生産される馬の評判がよかった。天皇や皇族、貴族が乗る名馬ですので、『望月の駒（＝馬）』とブランド化されていきました」（上原美次館長）

「逢坂の　関の清水に　影見えて　今やひくらむ　望月の駒」（『拾遺和歌集』）――月明かりの清水に映し出される望月の駒に思いを馳せた、歌聖・紀貫之《きのつらゆき》の和歌だ。この他、数多くの歌人が「望月の駒」を歌に詠《よ》み込んでいる。

そもそも、この牧場が望月の牧と呼ばれたのは……毎年、朝廷に献上した馬が天皇の御前でお披露目された後、貴族に下賜される「駒牽《こまひき》」という儀式が行われていた。平安時代初期に「駒牽」は旧暦8月15日、中秋の名月に行われるようになり、もっとも多く名馬を献上するこの牧場が「望月の牧」と呼ばれるようになったという。

また、名馬は「望月の駒」と呼ばれるようになり、全国各地の牧場で名馬を育てた人々は「望月」という名字を名乗るようになった。関東甲信越に望月さんが集中しているのは、これらの地方に馬を育てる御料牧場が多かったからと考えられる。

佐久市望月の大伴《おおとも》神社。創建は110年（景行《けいこう》天皇40年）と伝えられる、佐久市でもっとも古い歴史を持つ神社だ。

「当神社では月読命《つきよみのみこと》を祭神の一柱として、お祀りしております」（大伴神社・金井重伴宮司）

月読命は農業、漁業のために月齢や暦《こよみ》を読む、月の神様。この地では、いまも月を大切に思う文化が残されているのだ。

◆……【望月はナゼ〝もちづき〟？】

【勝俣さん】

なぜ御殿場市周辺に集中しているのか？

タレントの勝俣州和《かつまたくにかず》さん。静岡県御殿場《ごてんば》市《し》出身、御殿場市観光親善大使も務めている。**勝俣**さんは全国的には多くない名字だが、同市内には勝俣さん以外にも、**勝又**さん、**勝間田**さん、**勝亦**さんもいる。

「かつまたさんは御殿場周辺に集中している名字です」（森岡浩さん）

実際、御殿場市に住む勝又穣さんはこう言う。

「小学校では、クラスの40人全員がかつまたでした」

御殿場市には、確かにかつまたさんはたくさんいた。あまりにも多いので、地元では「にんべんまた＝勝俣」、「ひっかけまた＝勝又」、「かつかんでん＝勝間田」、「あかまた＝勝亦」と区別して呼んでいるという。では、勝俣さん、勝又さん、勝間田さん、勝亦さんのうち、最初のかつまたさんはどの名字なのだろうか？

御殿場市から南西に１００㎞離れた牧之原《まきのはら》市《し》。同市には勝間田川が流れ、勝間田城の城跡がある。勝間田城跡の案内板には「勝間田氏はこの地方を本拠地とする豪族」と記されていた。実は、この「勝間田」さんが最初のかつまたさん。勝間田氏の菩提寺は同市内の清浄寺《しょうじょうじ》。同寺46代目の辻岡義啓住職は言う。

「いまも勝間田氏の供養塔、墓は当寺に残っています。600~700年も経っている墓にしては立派なもので、これだけの墓所を持った豪族は少ないと思います」

勝間田氏は平安時代末期から約350年にわたり、遠江国《とおとうみのくに》東部、現在の牧之原市一帯を治めてきた豪族だった。勝間田氏が登場する、もっとも古い史料は、鎌倉時代初期の軍記物語『保元物語』。保元の乱で源頼朝の父、源義朝に従う姿が描かれている。ただ、「かつまた」と読むものの、「勝田」と表記されている。

「かつまたの語源は、カツマという水草の一種なんです。『カツマ』が『カツマタ』となって、この地の荘園が勝田荘《かつまたしょう》と呼ばれるようになり、そして、勝田荘を支配する豪族が勝間田と名乗るようになりました」（牧之原市教育委員会学芸員・松下善和さん）

こうして最初の勝間田さんが誕生した後、他のかつまたさんたちはなぜ生まれたのか？

「勝間田氏は駿河国《するがのくに》の今川氏に滅ぼされて、先祖は富士の裾野に逃げ込んできたと聞いています」（御殿場市に住む勝間田喜明さん）

室町時代後期の応仁《おうにん》の乱《らん》で勝間田氏は今川氏と対立、激しい攻防の後に敗北。一族は現在の御殿場市を中心に神奈川県西部、山梨県南部などへも離散していった。

たとえば、神奈川県足柄下郡箱根町仙石原《はこねまちせんごくはら》には、勝俣さんがいまも数多く住む。かたや、御殿場市神場《じんば》は勝亦さんが9割だという。さらに、裾野市今里《すそのしいまざと》は180世帯のうち、ほぼ半数が勝又さんだ。

「勝間田一族が四散して逃げ延びていくなか、名前を隠すために『勝間田』の『間田』をいろいろな漢字に変えていったのだと思います」（松下善和さん）

ただ、漢字を変えても、「かつまた」と名乗れば勝間田一族だと見破られてしまい、残党狩りに遭う危険性も高かったのではないだろうか？

「姓は自分の所属する一族であることを意味する大切なものなので、変えることはできません。先祖から受け継がれたものですからね」（裾野市に住む勝又虎児さん）

「俣」には分かれるところ、「亦」「又」には再びという意味がある。勝間田一族は「各地に分かれてしまったが、いつか再び……」という思いも込めて、漢字を変えたのかもしれない。

◆・・・・【朝ドラヒロイン おなまえのナゾ】

第2章

超レア名字の謎を深掘り

【鮨崎さん】

源頼朝に献上した鯛が名字の由来だった!?

源頼朝は前述のように、青木さんの名づけの親（42ページ参照）。そして、落ち延びるなかで世話になった人たちへ、さまざまな名字を授けていったとされる。そのなかには超レア名字が数多く、子孫の方々は自分の名字に誇りを持っている。

たとえば、**御守**《おんもり》さん。真鶴港で釣り船の船長をしている御守紀幸さんは語る。

「うちの先祖は、頼朝公が『しとどの窟』という洞窟に隠れているとき、敵がいないか見張っていた、お守りしていたと聞いています」（御守紀幸さん）

ご先祖さまは頼朝を守り、御守紀幸さんは乗客を守る仕事をしているわけだ。レア名字ではないが、**五味**《ごみ》さんも頼朝が下賜した名字。ご先祖さまが頼朝に食事を供したところ、さまざまな味が調和して、美味しかったことから、五味姓を授かったという。

その後、頼朝は千葉の豪族に協力を求めて、真鶴港から千葉県の房総半島に向けて出航。安房国平北郡猟島《あわのくにへいほくごうりょうしま》（現・千葉県安房郡鋸南町竜島地区《あわぐんきょなんまちりゅうしま》）へ上陸した。この地で頼朝は現地の住民たちから饗応を受け、いくつかの名字を授けたとされる。

頼朝の房総上陸は『吾妻鏡』に「平北郡猟島」と記されているが、『平家物語』に洲崎（すのさき）半島（現・館山市洲崎）とあるように異説もあるある家では頼朝に鯛を献上した。その鯛が新鮮で、鰭《ひれ》が反り返って立派なものだということで、その家は**鰭崎**《ひれさき》さんという名字を授かっている。また、ある家では珍しい生の貝を頼朝にごちそうしたところ、**生貝**《いけがい》さんを下賜されたという。

さらに、頼朝とともに真鶴港から船頭として乗船していた3人もこの地で暮らし、頼朝は舟の後ろ、艫《とも》で漕いでいた者に**艫居**《ともい》さん、さらに、**間**《はざま》さん、**渡**《わたり》さんという名字を与えたという。

その他、浜辺の柴をお茶代わりにして供した家に**柴本**さん、庭に菊の花が咲いていた家に**菊**《きく》**間**《ま》さん、松が繁っていた家に**松山**さん、由来は不明なものの**久保田**さん、**中山**さんも頼朝が下賜した名字とされる。現在、鋸南町にこの姓の家は残っていないが、**左右加**《そうか》さんも頼朝が授けたものだ。上陸後、竜島の神明神社で源氏再興を祈願したのだが、この神社の神主に左右加さんと名づけている。「左」「右」から軍勢が加わるようにという願いが命名の由来だ。

このように、頼朝は鋸南町の人々に数多くの名字を授けている。この地から源氏を再興させていこうという、特別な思いがあったのだろう。

鋸南町では毎年10月頃、「頼朝まつり」を開催している。

「頼朝公が授けてくれた名字は私たちにとって地域の宝です。ですから、イベントとして盛り上げていこうと、頑張っているところです」（鋸南町役場・渡邉みゆきさん）

◆‥‥【歴史のスターが付けた名字サマ】

【細字さん】

豊臣秀吉から贈られた超レア名字！

加賀《かが》百万石《ひゃくまんごく》の城下町、金沢。市街・尾張町《おわりちょう》は商業の中心地として、長い歴史を持つ。町名の由来は前田利家《まえだとしいえ》が金沢入城の際、利家に従った御用商人や足軽たちがここに居住したからと伝わる。尾張町商店街には利家とともに尾張から移ってきた老舗《しにせ》が軒を連ねるが、なかでもレトロモダンな外観の細字印判店は日本最古の印判店とされる。

当主は代々、細字左平《ほそじさへい》を襲名していて、現在は12代目。店内には「御用」という看板が掲げられている。

「うちだけが加賀藩で御用印章師として許可をいただいて、代々、ハンコ屋をしとったという。名前の通り、いまでも細々とやっております（笑）」（12代目・細字左平さん）

細字さんという名字の由来について、細字左平さんはこう続ける。

「安土桃山時代、全国から職人さん約１００名を京都に集めまして、１年間修業させて、そのなかで腕のいい職人３人に細字姓を授けたと聞いております」

当時、日本にポルトガルの印章を押す慣習が入ってきた。そこで、豊臣秀吉《とよとみひでよし》は印判師たちにポルトガル人から彫刻技術を習わせたという（織田信長《おだのぶなが》だったという説もある）。

「当時、日本に細かいものを彫る技術はなかったそうです。一方、ヨーロッパでは指輪などに非常に細かい細工をする技術があった。それで、ポルトガル人の先生がヨーロッパの先端技術を教えてくれたそうです」（細字左平さん）

その3人のうちの1人が細字印判店の初代・細字左平。ちなみに、細字さんの1人は江戸へ出たといわれるがいまとなっては店はなく、もう1人は大阪に細字孔文堂印舗という店を構えていたが、その後、京都へ移って、いまも中京区で営業を続けている。

初代・細字左平は前田利家公と同郷だったため、1588年に御用印判師として迎えられて、尾張町の土地を拝領、名字帯刀を許されたという。細字左平の技術は代々高く評価され、藩札の原版作成にも携わったとされるほどだ。

「こんな細かいのは、私には彫れない。これが本当の細字でしょうね」（細字左平さん）

細い字が彫れたから、細字になったのだろうか？

「細字《ほそじ》と読むようになったのは明治以降で、もともとは『ささじ』と読んでいたそうなんですよ」（細字左平さん）

なぜ細字《ささじ》と読んでいたのか？　早稲田大学社会科学部・笹原宏之教授は言う。

「『細』には『ささ』という訓読みがあり、小さいという意味もあります。細い文字が彫れたということより、精密に小さい文字が彫れた――読み方から考えると、そういう意味合いが強く込められていたのかもしれません」

安土桃山時代まで、書類を自分のものと証明するのに、サインを絵のようにデザインした花押《かおう》を使うことがメインだった。だが、戦国時代以降、大名の領地の拡大や紙の普及で、徐々にハンコが使われていく。

「民衆の管理をしていくうえで、ハンコは重要度を増していった。秀吉はそうした後世の展開を見越していて、非常に先見の明があります。ある意味、イノベーターだった秀吉の側面が見えてくる気がします」（國學院大學文学部・矢部健太郎教授）

商取引の発達などで、江戸時代初期には、ハンコが庶民へと広まっていく。秀吉は現代のハンコ社会への道を開いたともいえる――細字さんという名字には、秀吉の思い、そして、日本のハンコの歴史が刻印されているのだ。

◆……【歴史のスターが付けた名字サマ】

【砂糖元さん】

ご先祖さまは宮崎県で最初に砂糖を製造！

調味料の王様、砂糖。もともと、奈良時代に中国から伝えられ、正倉院の宝物『種々薬帳《しゅじゅやくちょう》』に「蔗糖《しょとう》」と記載されていたように、薬として珍重されていた。甘味料として使われるようになったのは室町時代からだが、中国からの舶来品だったため、貴族や武士の一部しか口にすることができなかった。ところが、江戸時代になると、琉球《りゅうきゅう》などで国産化が始まり、ようやく一般化するようになっていく。

宮崎県に**砂糖元**《さともと》さん、**砂糖**《さとう》さんという名字がある。どちらも、県内で数軒という超レア名字。砂糖元さんのご先祖さまは、宮崎県で最初に砂糖をつくった人だという。日南市伊比井《にちなんしいびい》に住む、子孫の砂糖元博文さんは言う。

「江戸時代後期の文化年間（１８０４〜１８１８年）、先祖の兵次郎が今井浜に打ち上げられた武士を助けて、お礼としてサトウキビをもらったことがきっかけだったと聞いています」

『宮崎県近世社会経済史』によると、その武士は薩摩藩《さつまはん》からの脱藩者。当時、薩摩藩ではサトウキビを持ち出し厳禁としていた。しかし、武士は世話になった兵次郎に杖代わりに使っていたサトウキビを贈り、砂糖づくりの秘訣まで伝えたという。その後、兵次郎は精糖事業を成功させて、伊比井は国内有数の黒糖の主産地になった。その功績によって、飫肥藩《おびはん》（宮崎県南部）から砂糖元姓を授かったという。

一方、砂糖さんの由来は……日南市星倉《ほしくら》の砂糖スエオさんは言う。

「ご先祖は代々、黒砂糖づくりをしていたんですが、殿様から地域一番の作り手だとお褒めにあずかったそうなんです。そのとき、褒美は砂糖姓か大島《おおしま》がいいかと聞かれたそうなんですけれど……」

大島とは宮崎県の東海上、日向灘《ひゅうがなだ》で最大の島。しかし、砂糖さんのご先祖さまは、大島でなく、名字を授かることを選んだのだ。それだけ、自分たちの仕事に誇りをもっていたのだろう。

「調味料の名前がついた名字としては、岩手県の**味噌作**《みそさく》さん、三重県の**味噌井**《みそい》さん、石川県の**味噌山**《みそやま》さん、千葉県の**醤油**《しょうゆ》さん、富山県の**酢**《す》さん、福島県、鳥取県の**塩**《しお》さんなどがあります。どれも、ご先祖さまが調味料の生産や販売をしていた職業由来です」（森岡浩さん）

◆‥‥【おいしそうな名字】

【出牛さん】

隠れキリシタンがご先祖さまだった!?

出牛さんという超レア名字がある。読み方は普通に「でうし」だ。

「出牛さんは、埼玉県と群馬県の県境附近に集中しています。埼玉県の皆野町《みなのまち》に出牛《じゅうし》という

地名があるので、そこがルーツだと思います」（森岡浩さん）

埼玉県秩父郡《ちちぶぐん》皆野町金沢出牛地区。地名は難読ながら、風光明媚な穏やかな土地に見えるが……。地元の郷土史家、高田哲郎さんは言う。

「山から流れる身馴川《みなれがわ》は、この岩盤に突き当たって、釣り針状に大きく迂回しています。ヘアピンカーブというか１８０度曲がっていて、氾濫すると渦巻いて、暴れ川になります」

身馴川の河原へ降りてみると、水面から10ｍほどの高さまで、大きな丸い川原石が持ち上げられていた。

「『出牛』は川原石や土砂を押し〝出〟す濁流の力強さ、それを〝牛〟にたとえているんです。また、氾濫による被害は、住民にとって心〝憂し〟、困ったことだという思いも込められているんだと思います」（高田哲郎さん）

出牛という地名の由来は「押し出す牛」と「心憂し」。さらに、この地には牛にまつわる伝説が残っている。日本武尊《やまとたけるのみこと》がこの地を訪れたとき、川を渡れずにいたところ、突如、牛が現れて、対岸まで乗せてくれたというのだ。他の地域の〝牛がつく〟地名に伝えられている伝説としても、濁流が襲ってきたとき、赤牛が大木《たいぼく》を引いて現れて、大木で堰《せ》き止めてくれた。そして、その大木で寺を建てたという——このように、日本では昔から牛は大切な労働力であり、私たちを助けてくれた存在だったわけだ。

「『出牛』には、過去の災害を後世に伝えようという思いが込められています。当時、文字を書けなかった地域の一般庶民にとって、伝説や地名でそういう思いを伝えるしかなかったと思うんです。土地への愛着、さらに危険なところだと子孫に伝えたかったという熱い思いを感じます」（高田哲郎さん）

これらとは違う由来も地元には伝わっている——隠れキリシタンが「デウス」に出牛《でうし》と漢字を宛てた地名というものだ。デウスとはポルトガル語でキリスト教の神様のことだ。さらに、隠れキリシタンたちは「十字架」と口にできないので「じゅうし」と言い換えていた。それが出牛《じゅうし》という地名の由来になったとも伝わっているそうだ。

出牛地区の山の麓にある西福寺《さいふくじ》。郷土史家の設楽一三《したらかずみ》さんはこう言う。

「この寺には隠れキリシタン説のある墓があるんです。研究が進んでいないので、はっきりわからないのですが……」

実際、他の墓とは明らかに違い、墓石が空洞になっていて、格子の窓がついている屋根付きの墓だ。そして、同じような家型の墓が10基ほど並んでいる。

出牛地区から北へ10㎞ほどの群馬県藤岡市三波川《さんばがわ》。ここには江戸時代初期、隠れキリシタンとして捕らえられ、獄死した木村利兵衛の墓がある。利兵衛の子孫で現在の木村家当主、木村正徳さんに墓へ案内してもらうと……。西福寺の墓とよく似たかたちをしている。

「格子の窓の一部を手で隠すと、十字が浮かび上がってきます。また、マリア観音の小さな石像が墓から見つかっています」（木村正徳さん）

三波川と県境の神流川《かんながわ》を挟んだ対岸、埼玉県児玉郡神川町《こだまぐんかみかわまち》は「秩父切支丹の里」として知られている。三波川と同時期のキリシタン弾圧を逃れ、ここから出牛地区に逃れた隠れキリシタンがいたという記録も残っているという。出牛という地名が確認できるのは、1764年の史料がもっとも古いものだった……確証は得られなかったが、隠れキリシタン説を否定する材料も見つけることはできなかった。今後、研究が進むことを期待したい。

◆……【望月はナゼ〝もちづき〟？】

【返脚さん】

ご先祖さまが何かを返却したことが名字の由来!?

全国に数軒しかいない**返脚**《へんきゃく》さん。どのような由来がある名字なのだろう？

「おそらく、集中している愛媛県で生まれた名字だと思います」（森岡浩さん）

愛媛県松山市に住む返脚守さんに話を聞いてみると……。

「何代か前までは小椋《おぐら》姓だったそうです。昔から、小椋姓は全国の山々で木地師《きじし》という職業に就いていたと聞いています」

ヒントは木地師という職業にあるのかもしれない。

そこで、滋賀県東近江市《ひがしおうみし》へと向かう。同市蛭谷町《ひるたにちょう》と君ヶ畑町《きみがはたちょう》一帯は木地師発祥の地とされるからだ。そして、いまもこの地域では木地師が働いている。君ヶ畑町の「ろくろ工房君杢《きみもく》」、小椋昭二さんはこう言う。

「ろくろで木を回して、カンナなどで削って丸いお盆をつくっています」

木地師とはろくろを回して刃物で木を削り、お盆やお椀などの木工製品をつくる職人だ。

その歴史は古く、平安時代初期、第55代天皇・文徳《もんとく》天皇の第１皇子、惟喬《これたか》親王がこの地域に木地師の技術を伝えたという伝承が残っている。

そのため、ここが木地師発祥の地とされているのだ。

その後、木地師たちは日本各地の山々に木を求めて、移住していった。江戸時代になると、庶民の食生活で一汁一菜が一般的になり、木地師がつくる木製器の需要が広がった。

最盛期には、東北から九州まで７０００人の木地師がいたとされる。そして、木地師たちは日本全国どこの山々でも、七合目以上は木々を伐採することが許されていたという。

「誰でも木地師という職業に就けるわけではなくて、免許状、許可状みたいなものが必要でした。それを発行して、全国各地の木地師を統括していたのが、この地域にある筒井《つつい》神社と大皇器地祖《おおきみきじそ》神社という2つの神社だったんです」（木地師研究家、愛知学泉大学・筒井正准教授）

返脚さんのご先祖さまは、ここから免許状をもらって、愛媛県で木地師をしていたわけだ。

ところで、蛭谷町と君ヶ畑町の木地師の方々を訪ねてみると……どこの家にも「小椋」という表札がかかっている。平安時代、この一帯は小椋の庄と呼ばれた。そして、ここから全国に移住した木地師の多くが、小椋姓を名乗っていた。返脚守さんの言うとおり、小椋さんは木地師の名字だったのだ。

では、なぜ返脚さんのご先祖さまは、小椋姓から返脚姓に変えたのだろうか？

「いただいていた小椋姓と免許状をお返ししたからだそうです」（返脚守さん）

明治に入ると、木地師の世界が激変した。日本各地の山を国家が管理するようになり、木地師たちはこれまでのように自由に山に入り、木々を伐採できなくなった。そのため、多くの木地師が廃業を余儀なくされたのだ。

そのとき、返脚さんのご先祖さまは伝統ある職業に区切りをつけるため、木地師の免許状とともに小椋姓も返したようなのだ。

「姓まで返すのは、きわめて稀なケースではないかと思います。当時、この地域の戸長、いまでいう村長が戸籍事務も担当していました。小椋姓を返されて、相談を受けたときに名字を登録するのにどうしたらいいのかわからず、返却したので『へんきゃく』という名字になったのではないでしょうか？」（筒井正准教授）

返却したから、返脚が名字になった⁉

では、なぜ「却」が「脚」になったのだろう？

「却という漢字は却《しりぞ》くとか、あまりいい意味はありません。しかし、月《にくづき》がつくと、前に進むなどいい意味になる。そこで、字を変えたのかもしれません」（筒井正准教授）

愛媛から東近江までおよそ４５０㎞。その遙かなる道のりを脚を運んで返却したので、「返脚」にしたとも考えられる。

返脚さんは返すという行為が名字の由来になった。同じように、**嘉納**《かのう》さんという名字も「嘉納＝喜んで受け取る」という行為が由来になったとされる。

「嘉納さんのご先祖さまは神戸・御影の沢の水でお酒を造っていて、後醍醐《ごだいご》天皇に献上したところ……ご嘉納されたため、嘉納姓を賜ったという。この言い伝えが残っているのは、菊正宗酒造の嘉納家。当主は嘉納治郎右衛門《じろうえもん》を襲名していますが、８代目嘉納治郎右衛門さんは灘校の設立代表者です」（森岡浩さん）

◆……【お名前相談室ＳＰ３】

【泊りさん】

送りがなに地名の歴史が残されていた！

名字にひらがなが入った超レア名字もある。

千葉県木更津市《きさらづし》に住む小倉志保さんの旧姓は、**泊り**さんだったという。

「名前をちゃんと書けないヘンな子だと、学校の先生に目をつけられていたことがあります。後になって、『本当にひらがなのね』と謝られたんですけれどね（笑）。名字の送りがなには、その他、いろいろたいへんなことがありました。なので、なぜ『り』が入っているのか知りたいんです」（小倉志保さん）

実家の泊り家で名前のわかるご先祖さまは、小倉さんの曾祖父までとのこと。曾祖父の泊り長左エ門さんは明治時代、富山県氷見市《ひみし》から北海道へ移り住んだという。

氷見市には泊《とまり》という地名がある。ここは1889年に近くの2村と合併、藪田村《やぶたむら》が誕生するまで、泊村だった（藪田村は1954年に氷見市に編入）。

「泊村が名字の由来だと聞いたことがあります」（小倉志保さんの父・泊り孝夫さん）

氷見市泊は海辺にある。もともとの日本語、大和言葉では港のことを「とまり」と言い、「泊」

という漢字が宛てられて、地名になったと考えられる。

「現在の地名は漢字1字ですし、氷見市内に**泊**さんという名字の方はいらっしゃいますが、みなさん、漢字1文字の方です」（氷見市立博物館・大野究《もとむ》館長）

ただ、港が語源の泊という地名は全国各地にある。

そこで、北海道で調べてみると……地名はなかったが、名寄市風連町《なよろしふうれんちょう》に「泊り農場」を発見。農園を経営しているのは、泊り政市さんという方だった。

「北海道に親戚がいると聞いたことはありません」（小倉志保さん）

そこで、旭川から北に約50㎞の「泊り農場」を小倉志保さんと訪ねてみることにした。

泊り政市さんは、生まれたときからこの町で暮らしているという。

「私が知る限り、名前がわかるご先祖は祖父の秀五郎です」

政市さんはそう言うと、秀五郎さんの戸籍謄本を見せてくれた。すると……「泊り長左エ門」という名前が次男の欄にあった。秀五郎さんの長男は、政市さんの父、徳松さん。小倉さんと政市さんは遠い親戚だったのだ。

「この戸籍謄本には変更前の住所が『藪田村大字泊り村』となっています。もともとの村名は送りがなの入った『泊り』だったようなんです」（泊り政市さん）

さらに、氷見市立博物館の大野究館長が調べてみたところ、江戸時代の地図『射水郡見取《いみずぐんみとり》絵図《えず》』（1808年）に「泊り村」と記されていたという。

「うちの家系はみんなおっちょこちょいですから、先祖が届け出のときに間違えたのかと思っていました（笑）。違うとわかって、よかったです」（小倉志保さん）

ただ、なぜ送りがなが取れて、「泊」1文字になったのだろうか？

「送りがなをつけなくても『とまり』と読めますからね。それに、『泊り』は地名、名字としてひらがなが入っていることは違和感がある。それで、自然にとれていったんだと思います」（森岡浩さん）

ちなみに、泊りさんのようにひらがなが入った名字は……**下《くだ》り**さん、**走《はし》り**さん、**渡《わた》り**さん、**回《まわ》り道《みち》**さん、**上《あが》り浜《はま》**さん、**反《そ》り目《め》**さん、**下《さが》り藤《ふじ》**さん、**茂《しげ》り松《まつ》**さんなどがある。カタカナでは、**井《い》ノ《の》上《うえ》**さん、**井《い》ノ《の》原《はら》**さん、**下《し》タ《た》村《むら》**さん、**広《ひろ》エ《え》**さん、**新《にっ》タ《た》**さん、**見《み》ル《る》野《の》**さん、**反《そ》リ《り》目《め》**さん、**安《やす》力《か》川《がわ》**さん、**竹《たけ》ノ《の》子《こ》**さんほかがある。

泊り村が泊村になったように地名は変更しやすいが、名字は変更しにくい。そのため、ひらがなやカタカナがついた名字は残りやすい。逆に、ひらがな、カタカナが入った地名は次々と生まれているが、ひらがな、カタカナが入った名字は新たに生まれにくい――名字には、歴史が残されているのだ。

◆……【お名前相談室SP1】

【地切さん】

ご先祖さまの後世への警告が込められた名字！

岩手県の北部、二戸郡一戸町《にのへぐんいちのへまち》に住む少女、地切陽菜《じぎりはるな》ちゃんから「自分の名字の由来を知りたい」との投稿があった。番組のご意見番、森岡浩さんはこう言う。

「**地切**さんは、岩手と青森を中心に全国で数軒しかいない、超レア名字です。鰤《ぶり》の内臓を抜いて、血をその魚に塗って腐らないようにすることを『血切り』と言います。この『血切り』が変化して『地切』となったという説があります。漁師に関係がある家系でしたら、これが由来なのかもしれません」

さっそく、調査開始。陽菜ちゃんの父、地切一彦さんはご先祖さまと漁師の関係はわからないという。そこで、同じ一戸町に住む祖母のヨシエさんに話を聞いてみると……。

「うちは代々、農家です。ただ、ずっと住んでいるのは地切地区という集落なんですが……」

地名由来の可能性が高いようだ。ただ、地切という地名にはどんな由来があるのだろう？

地元の歴史民俗に詳しい、二戸市立《にのへし》二戸歴史民俗資料館の菅原孝平館長はこう語る。

「地名の由来を示すところがあります。すぐそこにあるので、一緒にいってみましょう」

菅原孝平館長が案内してくれた場所には「地すべり防止区域」という標識が立っていた。

「地切は地が切れる、つまり、地すべりのことです。注意を呼びかけるために地切という地名が生まれたんです」（菅原孝平館長）

地切地区には斜面が多く、いたるところにパイプが設置されている。この辺りの地層には水が溜まりやすく、地すべりを防ぐためにパイプで水を抜いているのだ。

江戸時代に、この辺りが地切と呼ばれていたことは『盛岡藩郷村仮名付帳《もりおかはんごうそんかなつけちょう》』（１８０３年）に記録が残っている。地滑りがしやすく、危険だと地名、名字にして、後世に伝えようとしたのだろう。

「地切という名字には、ご先祖さまの『気をつけてね』という思いが込められていたんですね。何か誇らしいです」（地切陽菜ちゃん）

地切さんには、まさにご先祖さまのメッセージが込められていたのだ。

「名字は半分以上、おそらく7割程度は地名由来です。ただ、読み方や漢字は時代によってどんどん変わっていくことも多い。ですから、地切さんも地名由来だけでなくて、『血切』『ちぎり』から、変わっていったケースもあるんですよ」（森岡浩さん）

◆・・・・【お名前相談室ＳＰ１】

【辺銀さん】

21世紀に生まれた最新超レア名字！

沖縄県石垣島《いしがきじま》にある、辺銀《ぺんぎん》食堂。いっぷう、変わった店名は、経営するご夫妻の名字に由来する。辺銀暁峰《ぺんぎんぎょうほう》さん、愛理《あいり》さんご夫妻。日本で唯一の**辺銀**さん一家だ。

「もともと、私は陝西省《シャンシーシェン》西安《シーアン》出身なんです」（辺銀暁峰さん）

暁峰さんは中国出身で、世界的映画監督、チャン・イーモウ氏のスチール写真などを撮るカメラマンだった。仕事で中国を訪れていた愛理さんと出会い、恋に落ちた。

１９９３年に国際結婚して来日、当初は崔《さい》さん、**箱根**さんと別姓を名乗り、東京で暮らしていた。ところが、二人で旅した石垣島が気に入って、１９９９年に移住。島唐辛子や島胡椒（ピパーチ）、ウコン、ハーブなどを使った手作りラー油を愛理さんが開発、翌年に夫婦で食堂を開いた。

「東京に住んでいた頃から、帰化申請をしていたんです。やっぱり、同じ名字を名乗りたかったですからね」（辺銀暁峰さん）

当時、暁峰さんの姓「崔」は人名用漢字にはなかったため、受け付けてもらえなかった。

愛理さんの箱根姓を選ぶこともできたが、新しい名字も認められるため、二人で考えることにしたのだが……。

「はじめ、カメラの名機・ライカにちなんで『雷香』にしようって言われたんです。でも、ヤンキー名字というか、暴走族っぽいので大反対しました（笑）」（辺銀愛理さん）

新しいお名前といっても、認められるのには正当な理由が必要になる。そもそも、「雷香」では受け付けてもらえなかったかもしれない。そんなとき、愛理さんが思い出したのは、結婚3年目に出かけた南極ツアーのことだった。

「辺り一面を埋めつくす、ペンギンに感動したんです。それに、南極ではペンギンを何羽ではなく、何ペア、何対で数えます。また、ペンギン夫婦は生涯添い遂げる習性があるという。そう聞いて、素敵な話だなあと感じたことを思い出したんです」（辺銀愛理さん）

二人がペンギン姓を選んだのにはもうひとつ、理由があった。

「先祖がモンゴルの〝辺〟境で、〝銀〟細工の商人だったらしいんです」（辺銀暁峰さん）

こうして漢字も決まり、改めて帰化申請。2002年に正式に辺銀姓が認められた。

「沖縄には**辺土名**《へんどな／へんとな》さんなど、『辺』を使った名字がわりと多いので、意外にすんなり受け付けてもらえたのだと思います」（辺銀暁峰さん）

また、石垣島には台湾系住民も多く住んでいて、1972年の日中国交正常化を機に日本へ帰化していったという歴史もある。そうしたことも、有利に働いたのかもしれない。

２００３年には長男、道《たお》くんが誕生。辺銀姓はいま世界に３人だけだが、辺銀姓の将来を担っていこうとしている。

◆……【超レア名字】

【桂馬さん】

将棋の駒をなぜ名字にしたのか？

「ボクの名字は、将棋の**桂馬**《けいま》です。この名字の由来を教えてください」

番組にこんな投稿があった。東京都の桂馬康成《やすなり》君。小学校の将棋クラブに所属する将棋少年だ。藤井聡太七段と加藤一二三《ひふみ》九段のファン。大好きな将棋の駒が自分のお名前。さぞ嬉しいかと思いきや、桂馬康成君は言う。

「桂馬という駒は、飛車や角を強くさせる引き立て役。そんなに使わないです……」

盤上を縦横無尽に行き来する飛車や角に比べると、斜め前の２マスにしか進めず、後退することができない桂馬は少し地味かもしれない。

「将棋の駒の名字は**桂馬**さんしか聞いたことがありませんが、由来は不明です」（森岡浩さん）
だが、ご先祖さまが桂馬さんという名字をつけたのは、桂馬という駒にすごい魅力を感じていたからに違いない。調査を始めてみよう。
「父の戸籍謄本を見たことがあるんですが、どうやら桂馬姓のルーツは新潟県長岡市寺泊《ながおかしてらどまり》にあるようです」（康成君の父・桂馬康弘さん）
そこで、日本海に面した港町、長岡市寺泊へ桂馬康成君と向かうことにした。
まずはヒントを求めて、長岡市役所寺泊支所を訪ねると、渡されたのは電話帳だった。そこで、寺泊在住の桂馬さんを調べて、電話をしてみると……。
「変わった名字だから、亡くなったおばあちゃんに桂馬という名字の由来を聞いたことがあります。そうしたら、名字をつけるようになったとき、明聖寺《みょうしょうじ》というお寺さまが桂馬ってつけてくれたということでした」
そこで、寺泊上田町《うえだまち》の明聖寺へ向かう。高橋英隆住職によると、同寺は桂馬一族が代々、菩提寺としてきたという。住職は最初に桂馬姓を名乗った家の墓所に案内してくれた。
「明治時代初め、新しく名字をつけるのに、お寺に相談したんでしょうね」（高橋英隆住職）
戸籍制度ができ、全国民が名字を持つことが義務づけられたとき、桂馬康成君のご先祖さまが明聖寺のご住職からもらったのが、桂馬さんという名字だったのだ。同寺には江戸時代の将棋盤が残っている。当時、明聖寺では、檀家が集まってよく将棋を指していたそうだ。

「将棋好きだったのか、性格が桂馬みたいだったのかの、どちらかでしょうね」（高橋英隆住職）

桂馬康成君は、亡くなった祖父に将棋を教えてもらったと言う。

「おじいちゃんも将棋好きでしたから、桂馬家は将棋が好きだったのかと思います」

将棋をこよなく愛し、名字にまでしたご先祖さま。だが、なぜ桂馬を選んだのだろう？

この謎を解くべく、藤井聡太七段の師匠、杉本昌隆《すぎもとまさたか》七段に話を聞いてみることにした。

「『桂馬を制する者は将棋を制す』という格言があるくらい、能力のある駒なんです。藤井聡太七段も桂馬を使うのが非常に上手い。おそらく、攻撃の主役に使っている駒です」桂馬を重視するのは、数百年にわたる将棋界の伝統だという――杉本昌隆七段は、京都市のお寺へ案内してくれた。

「このお寺に将棋界のレジェンド、大橋宗桂《おおはしそうけい》という方のお墓があります」（杉本昌隆七段）

大橋宗桂（1555～1634年）。徳川家康に命じられて、初代「将棋の家元」となった天才棋士だ。段位や名人という称号をつくるなど、大橋宗桂なくして、現在の将棋はないと言われている。大橋宗桂の巨大な駒形の墓石裏に刻まれているのは……「桂馬」という文字。実は、初代「将棋の家元」がもっとも大切にしていた駒は、桂馬だったとされるのだ。

「桂馬さんという名字には、ご先祖さまが強いだけではなくて、桂馬使いが上手かった。将棋の才能があったから、他の駒ではなく、桂馬という駒の名字がつけられたんだと思います。それで、いまの桂馬康成君があるということです」（杉本昌隆七段）

桂馬さんという名字は、将棋が強すぎるご先祖さまが選んだ「誇り高きお名前」だったのだ。

「桂馬は魅力ある駒だったんですね。それに、すごい方が桂馬を使っていたことを知って、桂馬という名字を誇らしく思えるようになりました」（桂馬康成君）

◆……【将棋のおなまえ大ギモン！】

【鰻さん】

超珍名と思いきや、もともと発祥の地では超メジャー!?

女優の本仮屋《もとかりや》ユイカさん、銀シャリの鰻和弘《うなぎかずひろ》さん、雨上がり決死隊の蛍原徹《ほとはらとおる》さん……芸能界きっての超レア名字の3人。**本仮屋**さん、**鰻**さん、**蛍原**さんには、どのようなヒミツがあるのだろうか？

「本仮屋姓は全国で約30軒、鰻姓は十数軒。ただ、蛍原姓はものすごくレアで、蛍原徹さん以外、蛍原、螢原という名字を見たことがまったくないんです」（森岡浩さん）

さらに、蛍がつくお名前自体、蛍原（螢原）さん以外、見たことがないという。

「自分も生まれてから、一度も蛍原さんに出会ったことはないんです」（蛍原徹さん）

まずは、銀シャリの鰻和弘さんの鰻姓のヒミツに迫っていこう――全国で十数軒しかいない、鰻さん。鰻姓は鹿児島県指宿市《いぶすきし》が発祥の地と言われ、鹿児島県に集中している。そこで、鰻和弘さんに指宿市に向かってもらうことにした。

「ドキドキしますよ。親戚にも鰻さん、いてないですから、これまで家族以外、鰻姓の方に会ったことがないいんです」

まず、訪れたのは、鰻池。直径約1・3㎞、周囲約4・2㎞、ほぼ円形の火山湖だ。この池には大ウナギが住んでいたという伝説があり、それが池名の由来とされる。

「江戸時代に鰻池の土手を壊して、田んぼにしようとしたそうです。そうしたら、開削したところに巨大ウナギが横たわり、水が流れ出るのを塞いでしまった。そこで、村人が切り裂いたところ、巨大ウナギは片身のまま池に逃げ込み、そのまま生き続けたという。村人たちはその強靭な生命力に驚き、いつしか、池と村を守るヌシとして崇《あが》めるようになったんです」（指宿の郷土史に詳しい藏薗治己《くらぞのはるみ》さん）

やがて、鰻池の畔の地名も鰻村になった。そして、多いときは60世帯以上が暮らし、半数ほどが鰻姓を名乗っていたという。鰻村では、鰻さんは超メジャーな存在だったのだ。

ところが、1960年代、高度経済成長期に入ると……鰻村の若者たちは中学、高校を卒業後、集団就職や進学で都会へ向かった。

鰻姓は村では超メジャーだったが、街では超マイナー。珍名扱いされることも多かった。そこで、**下野**《しもの》さん、**福村**《ふくむら》さん、**三浦**《みうら》さんなど、普通っぽい名前へ次々と改姓してしまったのだ。結果、現在、旧・鰻村（指宿市山川地区）で鰻姓を名乗るのは一軒だけしか残っていないという。鰻ミサさん、康広さん親子だ。

「いっきょに二人の鰻さんに会えて、めちゃめちゃ感動です。康広さんは鰻姓を変えたいと思ったことないですか？」（銀シャリ・鰻和弘さん）

鰻康広さんは鰻姓を変えなかった理由をこう話してくれた。

「変えようかなと思ったこともありましたが、やっぱり、覚えてもらいやすいというメリットもありますからね。私はタクシーの運転手をしているんですが、この名字がお客さまとの会話のきっかけになっています。いまは、先祖代々の名字を守っていこうと思っています。鰻姓には誇りを持っていますからね」（鰻康広さん）

鰻和弘さんも完全同意。改めて、鰻姓を絶やすまいと固く心に誓ったという。

◆・・・【超レア名字】

【本仮屋さん】

鹿児島県発祥の由緒正しい名字！

「変わった名字なので、子役時代から一度しか会ったことがない方にも名前を覚えていただけることが多かったんです。なので、ラッキーだと思っていました」（女優・本仮屋ユイカさん）

仮屋がつく名字としては、華道家の假屋崎《かりやざき》省吾《しょうご》さんの假屋崎姓も思い浮かぶ。さらに、タレントの綾小路《あやのこうじ》きみまろさんの本名は假屋美尋さん。**本仮屋**さん、**假屋崎**さん、**假屋**さん……どれもレア度が高い名字だ。同じ仮屋、假屋がつくだけに、何か関連があるのだろうか？

「本仮屋さんは祖父、假屋崎さんは父、綾小路さんは本人が鹿児島県出身。仮屋、假屋がつく名字は鹿児島県独特のものです。江戸時代、他の多くの藩では武士は藩から石高に応じたお米を支給されて、生活していました。しかし、薩摩藩は藩から石高に応じた領地をもらい、そこで生産されたお米で暮らしていた。武士は城下の鹿児島市内に住んでいて、領地に管理するための代官所を置いていて、そこを『仮屋』『假屋』と呼んでいたんです」（森岡浩さん）

鹿児島には本仮屋さん、假屋崎さん、假屋さんだけでなく、**上仮屋**さん、**中仮屋**さん、**下仮屋**さん、**東仮屋**さん、**西仮屋**さん、**仮屋瀬**さん、**仮屋田**さん、**仮屋原**さん、**仮屋山**さん……仮屋（假屋）がつく名字はたくさんあるが、ほぼすべてが代官所が由来だという。

それでは、本仮屋の『本』はどういう意味なのだろうか？

「おそらく、何らかの事情で仮屋がもとにあった場所と違う場所に移ったんだと思うんです。すると、移った先が仮屋なので、移る前の場所は本仮屋になります。そこに住んでいた方が本仮屋さんと名乗ったということになんだと思います。本仮屋は奉行邸、代官邸だったとする説もあります。しかし、『本』は昔から本来という意味で使われているのに、仮屋とつけられたことで、『本』と『仮』が混在して不思議な感じになってしまったんです」（森岡浩さん）

それでは……蛍原徹さんの「蛍原」にはどんな由来があるのだろうか？　ところが、森岡浩さんもお手上げだという。

「蛍原さんの名字は本当に珍しく、全国でも数軒しかないと思います。蛍が飛んでいる原に住んでいたことが由来と考えられますが、昔はどこでも蛍が飛んでいましたから、あまり地名、名字にはならなかったとも思うんです。また、昆虫の名前を名字につけること自体、珍しい。これぐらいレアになると、由来は名乗っている方の家に代々、伝わっていない限り、わからないんです。蛍原さんから由来を聞けると思って、楽しみだったんですが……」

ところが、蛍原徹さんは父親や祖父から由来を聞いたことがないという。

「今度、父に聞いてみます。祖父から聞いているかもしれませんからね。ただ、これまで何も言ってなかったので、わかるかどうか……」

蛍原姓のナゾが明らかになる日がくることに、期待したい。

◆……【超レア名字】

【悪虫さん】

唯一無二のお名前になった理由とは？

青森県八戸《はちのへ》市《し》に唯一無二、全国で1軒だけという名字の家がある。

その名は**悪虫**《あくむし》さん。この地で代々、農業を営む悪虫義夫さんはこう語る。

「自分の名字は、あんまり好きじゃなかったよな。やっぱり字が悪いものね。〝悪〟に〝虫〟。〝虫〟だけでもイヤなのに、〝悪〟だべ……」

もともと悪虫姓の家は悪虫義夫さん一家だけではなかったという。お隣に住む、親戚の菅原政美さんも悪虫姓だった。

なぜ、悪虫さんから**菅原**さんにお名前を変えたのだろうか？

「俺の兄貴とか、甥っ子が変えたんだ。菅原道真にあやかりたかったんでねえのかな。若い連中が頭のいい子になるようにって（笑）」

悪虫義夫さんがいっしょに菅原姓に変えなかったのは、なぜなのだろうか？

「俺が19歳か20歳の頃、勤めていた会社で八戸の街にグループサウンズを呼ぶ仕事があったんだ。それで、ダンスパーティーを開いたんだけど、新人だった俺を、ことあるごとにイビッてきた先輩がいた。その人の名前が菅原さんだった。だから、俺は菅原姓に変えなかったんだ（笑）」（悪虫義夫さん）

結果として、悪虫義夫さん一家以外、悪虫さんは菅原姓に変えてしまったのだ。

そもそも、悪虫姓にはどんな由来があるのだろう？

「悪虫さんは、八戸市博物館の隣、史跡として残る『根城』というお城に住んでいた南部氏の家臣だった一族。南北朝時代の古文書『藤原行親寄進状《ふじわらのゆきちか》』の藤原行親が悪虫さんの先祖とされます」（八戸市博物館学芸員・滝尻侑貴さん）

藤原さん一族の藤原行親はこの地方を治めていた豪族、**南部《なんぶ》**さんの重臣だった。藤原行親が治めた馬淵川《まべちがわ》の近くに悪虫と呼ばれる村があり、地名から名字にした一族が広がっていったという。現在は「悪虫」という地名はないが、なぜそう呼ばれるようになったのか？

ヒントは、近くを流れる馬淵川にあった。

「この川を越すために、江戸期の初め頃までは渡し舟で渡っていました。地名の由来は、アイヌ語で人を渡すところ、渡し場を意味する『アックサウスイ』。これに『悪虫』という漢字を宛てたんです」（地元の地名研究家・嶋脇芳勝さん）

わざわざ「悪虫」を宛てたのには理由がある。

「悪虫と名づけられた土地は非常に土の肥えた、生産性の高い場所でした。ですから、いまのように悪、悪い土地という意味ではなかったんです」（嶋脇芳勝さん）

江戸時代、「悪」とは、抜きん出て肥沃で豊かなようすを表す言葉だったというのだ。

さらに、「虫」だ。いまは昆虫のことを指すが……。

「もともと中国で蛇や昆虫を指したんですけれども、やがて使い方が広がってきまして動物全体を『虫《ちゅう》』と呼ぶようになりました。そして人間さえも裸の虫とする、『裸虫《らちゅう》』という表現も生まれた。古代、虫は繁殖力が強いため、自然の力、生命力を感じさせるので、畏怖のようなものさえありました。そういうことがこの名前に影響していると思います」（早稲田大学社会科学部・笹原宏之教授）

〝悪〟は圧倒的に肥沃なこと、〝虫〟は生命力や繁殖力を意味して

■裁判所で改姓が認められた超レア名字		
仁後《にご》	1959年 福岡高等裁判所	「二号（さん）」、掛け算九九の「にご（じゅう）」などとからかわれるため
穴倉《あなぐら》	1961年 札幌高等裁判所	北海道では女性器のことを「あなぐら」と呼ぶこともあるため
大楢《おおなら》	1967年 岐阜家庭裁判所	放屁の俗称「おなら」と混同、からかわれることがあるため
星野黒《ほしのぐろ》	1973年 旭川家庭裁判所	姓名の区切りがわかりづらいため。たとえば、「星野黒太郎」の場合、「星野」「黒太郎」と誤解されやすい

いたので、まさにパワー溢れる漢字のダブル盛り！　悪虫はとてつもなく縁起のいいお名前だったのだ。

「ラクな気持ちになった。でも、こういう由来がわかっておれば、もっと楽しかったのかもしれないな（笑）」（悪虫義夫さん）。「こういう歴史的なことを覚えていれば……なかなか、変えられなかった」（菅原政美さん）。

鰻さん、悪虫さん以外にも、右下表のように改姓してしまった超レア名字も多い。だが、どんな名字にもご先祖さまが子孫に伝えようとした立派なメッセージが込められているのだ。

◆…【超レア名字】

【指吸さん】

「正しい生き方をせよ」というメッセージが込められていた！

半世紀以上、名乗りづらい名字の意味、由来を知りたいと思い続けてきた方から、番組に投稿があった。投稿してくれたのは、愛知県にお住まいの小林順子《よりこ》さん。名乗りづらい名字とは、亡母の旧姓。指を吸うと書いて、**指吸**《ゆびすい》さんという名字だという。

「子供の頃、母に聞いたんですけど、教えてくれなかったんです。『別に読めんでいいよ』とさらっと流されてそれっきりだったんです。ですから、あまり口にしたくないのかと思っいました」（小林順子さん）

母、小林みね子さんは指吸姓を避け続けていたようだ。だが、そんな母へ指吸姓の本当の由来を墓前に報告したいと、投稿したという。

自分でも調べようとしたが、親族の指吸さんたちが戦争で亡くなられていたり、周囲に指吸さんがいなかった。唯一の手掛かりは、母親の実家、生家が大阪府堺市《さかいし》堺区《さかいく》南旅《みなみはた》籠《ご》町《ちょう》西《にし》にあったこと――そこで、番組は小林順子さんとともに、調査に向かった。

堺市堺区南旅籠町西周辺。聞き込みを始める。

「母の実家がこの辺りにあって、指吸という名字だったんですが……」

調べを進めると、ついに中年男性がこう答えてくれた。

「指吸？　指吸いうたら、もうちょい西やな」

地元の住宅地図でも「指吸」家を発見！　さっそく、指吸さんの家を訪ねた。

「母は指吸という旧姓だったんです」（小林順子さん）

その指吸家、指吸幸子さんに聞いてみると……。

「そうですか……。指吸と言うと、みなさん、けったいな名字だと笑わりますんやけどね」

やはり、ちょっと名乗りづらい名字のようだ。

「主人がお寺の先代の住職さんに過去帳を見せてもらったら、紀州《きしゅう》だか和泉《いずみ》の殿様に指吸姓をもらったと書いてあったそうです」（指吸幸子さん）

どうやら歴史、由緒がある名字のようだ。どんな歴史があるのか？　堺市博物館学芸員・矢内一磨《やないかずま》さんに話をうかがうと、参考になる資料があると語る。

「これは、元禄《げんろく》2年の『元禄堺大絵図』です」

300年以上前の1689年、江戸時代につくられた精密な住宅地図だ。一軒一軒、住んでいた人の名が書かれている。そのなかに……。

「ここに、指吸善兵衛というお名前が出てきます。ちょうど、海のほうですね。魚問屋を営まれていた。それに、金融関係とか、かなり手広くやっておられたようです」（矢内一磨さん）

堺の指吸家は、魚問屋として財をなした豪商だった。

「母の実家もこの辺りだと思います。子供の頃、扉を開けたら目の前が海で、そのまま海水浴ができたってよく言ってましたからね」（小林順子さん）

さらに、「指吸家」はただの商売上手ではなかったこともわかった。南旅籠町東にある臨済宗の寺院、大安寺《だいあんじ》。この寺に残されていた江戸時代の古文書のなかに、指吸善兵衛が数多く登場していたのだ。

「こちらにも指吸善兵衛さんのお名前があります。みなさんへふるまうために、素麵を供養してくださっていますね」（大安寺・塚本宗達住職）

１００人以上も招き、何日も催された寺の一大行事。寄進者リストには「指吸」がいくつも記されていた。

「こちらもそうです。施斎というのは、お昼をふるまったということですね」（塚本宗達住職）

全員分の昼食と夕食、両方をふるまっていたり、下駄を百足も寄進している。

「善兵衛さんという方は、信仰心が篤く、お寺を支えてくれた方ですね」（塚本宗達住職）

人のために尽くした豪商、指吸善兵衛。指吸さんは立派なご先祖さまを持つお名前だった。

名字の由来は謎のままだが、寄進者リストのお名前にヒントがありそうだ。

「『沈香屋』はお線香屋、『鉄屋』は鉄を扱う商い。室町時代以来、堺は商業都市として繁栄していて、商売にちなんだお名前をつけている方もたくさんおられました」（塚本宗達住職）

日本随一の商業都市だった堺。商人たちは港で海外と貿易を行って、大名にお金を貸すほどの財をなして、その名は遠くヨーロッパにも鳴り響いていた。

そんな一大商業都市ならではのお名前が、いまも堺に数多く残っている。たとえば、**鉛**《なまり》さん。鳥居などを赤く染める「鉛丹《えんたん》」を扱っていた商人の名字だ。また、**具足**《ぐそく》さんは、〝具足〟と呼ばれていた鎧兜《よろいかぶと》を商っていた商人のお名前。堺独特の名字には商業都市の歴史が刻み込まれている。指吸姓にも商売と何らかのつながりがあるのかもしれない。

調査を続けると、堺市に指吸一族が創業した会社があることがわかった。税理士法人ゆびすい（ゆびすいグループ）の澤田直樹代表社員はこう語る。

「名前だけは残っているんですが、指吸さんの親族の方はおられないです」

ゆびすいグループは指吸善兵衛の子孫、指吸千之助が１９４６年に指吸計理事務所として創業。１９８０年に亡くなった千之助は子供に恵まれず、指吸家は経営から離れている。だが、創業者の志を引き継ぎ、「ゆびすい」を名乗り続けているのだ。

「千之助さんの志《こころざし》は、指吸姓の由来そのものです。ですから、ゆびすいグループの社史、ホームページなどにも掲載しています」（澤田直樹代表社員）

そこには、こうある――「指吸という珍しい姓の由来は、『渇しても盗泉の水を飲まず』という、心意気を示したもののようです。『食べるものがなければ、指をしゃぶって辛抱してでも不義はせぬ』という初代・指吸善兵衛の家訓が、堺きっての大きな魚問屋を築き上げ苗字帯刀を許された際に、『指吸』という姓に象徴されたものと思われます」。

指吸さんに込められた本当の意味、それは「正しい生き方をせよ」という先祖からのメッセージだったのだ。

◆‥‥【名乗りづらい名字】

【禿さん】

「禿」を「はげ」と読まない深い理由とは？

「**禿**さんは全国で100世帯弱。比較的、熊本県に多い名字です」（森岡浩さん）

禿さんは名字では「はげ」とあまり読まない。読みは「かむろ」「かぶろ」「とく」など。「かむろ」「かぶろ」は少女の髪型、刈り上げのないおかっぱ頭のことで、平安時代からのものだ。「禿」は髪の毛が落ちる、はげることを意味するが、そこから髪を短く切ることに転じたと考えられる。ただ、僧侶や茶人の「禿頭《とくとう》」から、「禿」は現在のようにハゲのイメージが強くなった。そのため、禿さんはこんなやりとりが起こることもあるという。

「主人の久男が就職したときのこと。初任地の職場に自分宛で荷物を送ったんですが……荷物を渡されたのは、つるっパゲの方だったそうです。それで、間違いなくこの人だろう、と（笑）」（熊本県上益城郡《かみましきぐん》益城町《ましきまち》の禿剛子《かむろたかこ》さん）

「電話で『禿《かむろ》』の字を伝えるとき、『ハゲと書きます』と言うと簡単ですが……相手が男性の場合、もしハゲていたら申し訳ないので、気を遣って『失礼ですが』と言葉を添えています」（阿蘇郡《あそぐん》小国町《おぐにまち》の観正寺・禿慈恩《かむろめぐみ》住職）

お二人とも禿姓を嫌がらず、堂々としたようすだ。

「髪のことは、あまり気にしていません。むしろ、やがて名実ともにハゲになるまで生きていければいいと思っていますよ（笑）」（禿《かむろ》以《い》喜《き》生《お》さん）

みなさん、「お寺と関係がある」と口を揃えて語り、禿姓に誇りを持っているのだ。それでは、禿さんには、どういう由来があるのだろうか？

「浄土真宗を開かれたお方は親鸞聖人《しんらんしょうにん》と申します。親鸞聖人は愚禿《ぐとく》親鸞と名乗りましたが、『愚禿』から禿姓が生まれたんです」（阿蘇郡小国町の善正寺・禿浩道《かむろこうどう》住職）

自らを「愚かな禿げ頭」＝「愚禿」と名乗った浄土真宗の開祖、親鸞。禿姓は親鸞にあやかってつけられた、ありがたいお名前だったのだ。ただ、なぜ親鸞は「愚禿」と名乗ったのだろう？

親鸞の教えに詳しい宗教学者、如来寺住職の釈徹宗《しゃくてっしゅう》さんは語る。

「親鸞聖人にとって、悟りを求めて煩悩を断ちきっていくという道筋が、どうしても自分にはできない。その自覚と苦しみ、悲しみ……そういう思いから〝愚禿〟という名乗りが生まれたのだと思います」

このことが、お寺を中心に語り継がれてきたため、禿さんたちは、名字にプライドを持ち続けているのだ。

◆……【名乗りづらい名字】

【舌さん】

超絶怒濤の由緒ある名字!

京都の奥座敷、貴船《きふね》神社。鴨川《かもがわ》の源流にあり、この地で水の神を祀ったのが起源と伝えられる。また、最強クラスのパワースポット、雨乞いなどのために絵に描いた馬を奉納したことで、絵馬発祥の地としても知られている。舌《ぜつ》さんは、この貴船神社が発祥とされる。貴船神社の高井和大《かずひろ》宮司は、小さな社《やしろ》に案内してくれた。

「この牛一社《ぎゅういちしゃ》は牛鬼という神様をお祀りしています」

驚くべきことに、この牛鬼が舌さんのご先祖さまなのだ。

その由来は神社に伝わる秘中の書『黄船社秘書』の「貴布禰《きふね》雙紙《ぞうし》」に記されているというが……残念ながら、表紙に「不許他見(他見を許さず)」とある。そこで、貴船神社の研究者、立命館大学講師の三浦俊介さんに話を聞いた。

「貴船大明神が天から降りたとき、牛鬼(仏国童子)をお伴にしていました。大明神は牛鬼に『神々の世界のことを話し

舌家の家紋には「八」が入っている

てはいけない』ときつく戒めていましたが、おしゃべりな牛鬼は話してしまった。そのことを大明神はお怒りになり、話せないように牛鬼の舌を八つ裂きにしました。その後、人間になった子孫が戒めを忘れないよう舌姓を名乗ったと伝えられています」

その姿は、天界から降りて以来、仏国童子、僧国童子、法国童子、安国童子と4代目までは鬼の形相。だが、改心したことを認めた大明神の力で5代目から人間となった。そして、舌姓を名乗って、明治時代の初めまで、貴船神社に神職として仕えていたという。

舌家の家紋には右下のように「八」の字が刻まれている。舌を八つ裂きにされた記憶を伝えているのだ。舌はうまく使えば人びとをつないで幸せにするが、使い方を誤ると人を傷つけるという教訓が名字で受け継がれている。

◆…【カラダ名字】

【音揃さん】

朝鮮出兵の戦功で豊臣秀吉から賜った名字！

大阪府堺市の老舗漢方薬舗、片桐棲龍堂《かたぎりせいりゅうどう》。豊臣秀吉に土地を賜って、1593年（文禄《ぶんろく》

2年）に創業したという。ただ、400年以上前、秀吉から授かったのは土地だけではなかった。片桐棲龍堂の17代目当主、片桐平智《よしとも》さんはこう語る。

「当家は江戸時代初めまで、**音揃**《おんぞろ》姓を名乗っていたんです」

片桐さんは、堺市指定文化財名勝第1号に指定された庭園にある謎の石を見せてくれた。

「これは鬼のかたちをした鬼瓦という瓦です。魔物を殺す目的のものですが、当家では水軍の瓦だったと伝承されています」（片桐平智さん）

片桐家のご先祖さまは、南北朝時代を描いた戦記物語『太平記』にも登場する豪傑、**妻鹿**《めが》孫三郎長宗《まござぶろうながむね》。時代を経て同じ発音の目賀に改姓。安土桃山時代、孫三郎の七代孫の**目賀**《めが》次郎《じろう》左衛門宗延《ざえもんむねのぶ》は水軍を持っていた。目賀宗延は水軍を率いて朝鮮出兵、文禄の役に参戦。秀吉を大坂から肥前国名護屋城《びぜんのくになごやじょう》（現・佐賀県唐津市《からつし》）まで送る大船団を指揮することを拝命した。

「秀吉に呼ばれたとき、声高く、舟子一同圧倒されたという記録が残っています。大きな声で指揮して、何百隻もの櫓の音が一斉に揃ったらしいです」（片桐平智さん）

豊臣秀吉はその見事な采配を讃えて、音揃姓を授けたのだ。

秀吉没後、数代は音揃姓だったが、徳川の世、豊臣の残党と見なされたり、軍功が問題になったりするのを避けて、片桐姓に改名した。いまは片桐姓だが、全国の音揃さんのルーツはここ堺市の片桐棲龍堂だったのだ。

「音揃さんは職業技術由来の名字ですが、同じ大阪の泉佐野市《いずみさのし》にも**紺掻**《こんがき》さんという名字があります。藍染め職人さんが紺色を染めるのに藍が沈まないようにかき混ぜながら染めたので、紺掻さんという名字になりました」（森岡浩さん）

◆……【大阪名字】

【干鰯谷さん】

谷がつく名字には浪花の商人魂が込められていた！

大阪市から南へ40㎞の大阪府泉佐野市。大阪湾に面し、沖合には関西国際空港人工島が浮かぶ。江戸時代から、この街は現在の大阪府南西部、和泉国《いずみのくに》で堺に次ぐ商業都市として栄えてきた。そして、ここ泉佐野市は**熊取谷**《くまとりや》さん、**岸和田谷**《きしわだや》さん、**貝塚谷**《かいづかや》さん、**新家谷**《しんげや》さん、**安**《やす》**松谷**《まつや》さん、**日根野谷**《ひねのや》さん、**信達谷**《しんだちや》さん、**讃岐谷**《さぬきや》さん、**播磨谷**《はりまや》さん、**淡路谷**《あわじや》さん……「谷」がつく超レア名字の宝庫なのだ。

ＮＰＯ法人泉州佐野にぎわい本舗の樋野修司さんは長年、この地域の名字を研究している。重要な参考資料にしているのは、棟札《むなふだ》と呼ばれる、建物が建てられた年、建築に関わった人たちの名前などを記録した札だ。

「ある地蔵堂に掲げられていた棟札。文化5年と記されていますので、1808年、江戸時代後期の建築ですね。鍋屋、泉屋、鳥羽屋、谷川屋、大和屋、下部屋、山家屋、古手屋……と名前が書かれています」（樋野修司さん）

○○谷と○○屋。どういう関係があるのだろうか？

「江戸時代、この地域には家が約1700戸あったんですが、4割が○○屋という名前でした。つまり、屋号を名前にしていたんです」（樋野修司さん）

泉佐野は岸和田藩の台所として、〝商人・職人たちの王国〟だった。

「『屋』を『谷』にしたのは、多くが明治時代に入ってからです」（樋野修司さん）

なぜ『屋』を『谷』にしたのだろうか？

「江戸時代、住民登録のようなことはお寺がやっていました。それで、明治はじめに戸籍制度が生まれたとき、この地域の古刹の住職さんが『いかにも屋号らしいから、屋号の「屋」を「谷」に変えたほうがいい』と勧めたと言われています」（樋野修司さん）

その寺とは泉佐野市栄町《さかえまち》の上善寺。同寺は500年以上の歴史を持つ。

「明治時代、曾祖父がそういう助言をしたと聞いております。間接的にですけど、うちの名字の谷とつながるんですけど……。ただ、いまもこの近くにお住まいの**道幸**《みちゆき》さんなど、曾祖父はいろいろな名字を名づけたそうです」（上善寺・谷尚道《たにしょうどう》副住職）

「谷」をつけたのは、地域で尊敬を集めていたお寺の住職家にあやかろうという気持ちもあったのだろう。**干鰯谷**《ほしかや》さん（鰯を干してつくった肥料）、**魚谷**《うおや》さん、**米谷**《こめや》さん、**桶谷**《おけや》さん、**鍋谷**《なべや》さん、**木綿谷**《もめんや》さん、**瓦谷**《かわらや》さん、**櫛谷**《くしや》さんなどは扱ってる商品に谷をつけた商人《あきんど》系、**鍛冶谷**《かじや》さん、**大**《だい》**工谷**《くや》さん、**番匠谷**《ばんじょうや》さん（大工をまとめる職業）、**指物谷**《さしものや》さん、**金物谷**《かなものや》さんは職業に谷をつけた職人系名字なのだ。それでは、熊取谷さん、淡路谷さんなどは、何系名字なのだろう？

「地名系です。安松などは泉佐野にある地名、岸和田は現在の岸和田市、貝塚は貝塚市で近くの地名です。淡路は現在の兵庫県の淡路島、讃岐は香川県のこと。出身地を表しているものと、取引先を指すものがあります」（森岡浩さん）

なるほど、たとえば、熊取谷さんは泉佐野市の隣、熊取町に住んでいる商人、淡路谷さんは淡路島の出身か淡路島の産物を商っている商人だったのだ。

「江戸時代の商家は普通、屋号と別に名字を持っていました。ですから、明治時代になって政府による戸籍制度ができたとき、ほとんどの商家は名字を登録したんです。ところが、この地域では名字ではなく、屋号を戸籍に登録しようとしたうえ、『屋』を『谷』にした。それで、超レア名字がたくさん生まれたわけです。また、これぐらい商売、職業の名前がついた名字が残っているところは、泉佐野市以外、富山県射水市新湊《いみずししんみなと》地区、秋田市ほか、全国でも数か所しかないと思います」（森岡浩さん）

◆……【大阪名字】

富山県射水市新湊地区のレア名字については、『日本人のおなまえっ！②』（小社刊）「Part 2　日本にはなぜレア名字が多い？」に詳述してある

【目細さん】

針穴のかたちに名字の由来のヒミツがあった！

目細《めぼそ》さんは石川県を中心に、全国でもわずか20軒ほどの名字だ。

目細さんのヒミツを探るべく、加賀百万石の城下町、金沢を訪れた。

金沢表参道、目細通りの目細八郎兵衛商店。安土桃山時代の天正《てんしょう》3年（1575年）創業、四百三十余年の歴史を持つ超老舗だ。会長の目細伸一さんは第19代・目細八郎兵衛さん。息子で社長の勇治さんが第20代・目細八郎兵衛を襲名予定だ。

「創業の仕事が名前の由来になったんです。その元となったのは、縫い針です。うちは縫い針屋からスタートしておりまして……」（目細勇治さん）

縫い針屋さんという職業が、なぜ目細姓の由来になったのだろう？

「糸を通す穴のことを目穴と呼ぶんですが、うちのご先祖さまが目穴を細くしたんです。それで、目細という名字を加賀藩主からいただいたと伝えられています」（目細勇治さん）

江戸時代、縫い針の穴は丸形が一般的だった。だが、丸形の場合、糸の太さに応じた大きさなので、針穴に糸を通すのは一苦労。初代八郎兵衛は成形のむずかしい絹針の目穴（目度）

を独自の工夫を凝らして、いまも使われている細長い針穴の「めぼそ針」を作りあげたのだ。この誰にでも簡単に糸が通せる「めぼそ針」は、当時、日本人の生活に欠かせない、針の一大イノベーションだった。

この針が評判を呼んで、加賀藩前田家御用達の針商人へ一気に登りつめた。名字帯刀も許されて、「めぼそ針」にちなんで目細姓を授かったのだという。

ただ、目細家は約４００年も続いているのだから、子孫は全国で20軒ということはないはず。なぜ目細姓は超レア名字になったのだろうか？

そのヒミツは江戸時代につくられた店の看板に刻まれていた。

「右に面白いことが書いてあります。『売り子、出店、つかまつらず候』と。いまでいう、営業所や支店、営業マンはおりません。縫い針の欲しい方は、ここまで買いに来てくださいという意味です」（目細伸一さん）

「めぼそ針」を売るのは目細八郎兵衛商店だけで、当主は世襲一族のみ。この掟を守り続けた結果、他に「目細」を名乗るものも出ず、超レア名字になったのだ。

一方、その後、「めぼそ針」は思いも寄らぬ運命をたどる。鮎釣りに使われたのだ。

江戸時代、足場の悪い川岸から、太い竿を操る鮎釣りは武芸の鍛錬になると藩士たちに奨励され、加賀藩の武家で大ブームになっていった。

「当時、鮎専用の釣り針がなかったので、うちの縫い針を火で炙《あぶ》って曲げて、釣り針にしていました。それに鳥の羽毛を巻きつけて考案されたのが、加賀毛針なんです」(目細勇治さん)

鮎釣りは武士の特権だったが、明治時代に入ると、庶民にも開放された。

そこで、目細八郎兵衛商店でも加賀毛針を自ら製造、販売。いまも、江戸時代と変わらぬ手作業でつくられる。現在では、主力製品だ。

目細勇治さんの妻、由佳さんは加賀毛針職人。次男の広大君も、加賀毛針職人を目指している。これまで、目細八郎兵衛商店から生み出された毛針は4000種類以上! 洗練された美しさは金沢の街を代表する伝統工芸品として、親しまれている。

「石川県の職業由来のレア名字には、細字さんのほか、文政6年(1823年)創業の石川県白山市《はくさんし》の車多酒造《しゃた》、**車多**さんがいます。車多酒造は天狗舞で日本酒好きに知られています。みなさん、老舗としてのご自分の名字に矜持《きょうじ》を持たれています」(森岡浩さん)

◆……【超レア名字】

【冷泉さん】

藤原一族が京都の通りの名前をつけたのが由来！

鷹司《たかつかさ》さん、**近衛**《このえ》さん、**一条**《いちじょう》さん、**九条**《くじょう》さん、**冷泉**《れいぜい》さん、**綾小路**《あやのこうじ》さん、**武者小路**《むしゃのこうじ》さん、**押**《おし》**小路**《こうじ》さん、**油小路**《あぶらのこうじ》さん、**勘解由小路**《かでのこうじ》さん……京都で生まれた、貴族たちの名字だ。どことなく、漢字も音の響きも高貴でみやびなイメージがある。

「貴族の名字は私たちの〝名字の元祖〟とも言われているんです」（森岡浩さん）

これはどういうことなのだろうか？　〝名字の元祖〟を探るため、元貴族の冷泉家25代目当主、冷泉為人さんのお宅へ取材に向かった。冷泉為人さんは近世京都画壇研究の第一人者。現在、京都美術工芸大学の学長を務めている。

京都御所隣の大邸宅。公家屋敷で唯一、現存しているため、建物自体が国指定重要文化財になっている。さらに、蔵には『古今和歌集』など国宝5点、国指定重要文化財48点を含め、1300点以上の文化財があるという。

「もともと、冷泉家は藤原道長さんで知られる藤原家だったんです」（冷泉さん）

藤原姓は飛鳥時代、中臣鎌足《なかとみのかまたり》が天智《てんじ》天皇から下賜された名字。私たちの名字は自ら名乗ったものだから、そういう意味では〝名字の元祖〟ではないが……。

冷泉家の初代は大歌人、藤原定家《ふじわらのていか》の孫、冷泉為相《れいぜいためすけ》。なぜ、藤原姓ではなく、冷泉姓を名乗るようになったのだろう？

「藤原一族が増えすぎたので、区別するために通りの名前を家名にしたんです」（冷泉為人さん）

平安時代中期、藤原一族は一大勢力となっていた。藤原道長がトップの左大臣を務めていた頃、閣僚クラスの公卿は24人のうち19人も藤原さんが占めていたこともあって、藤原というだけではどのくらい偉いのかわからない状態になっていた。そこで、貴族たちは自分が特別な藤原だと主張するために、屋敷があった通りの名前から、新たな名字を名乗るようになったとされる。

「冷泉家の屋敷は、冷泉小路《れいぜいこうじ》に面していました」（冷泉

冷泉小路に屋敷があったことが冷泉姓の由来だった！

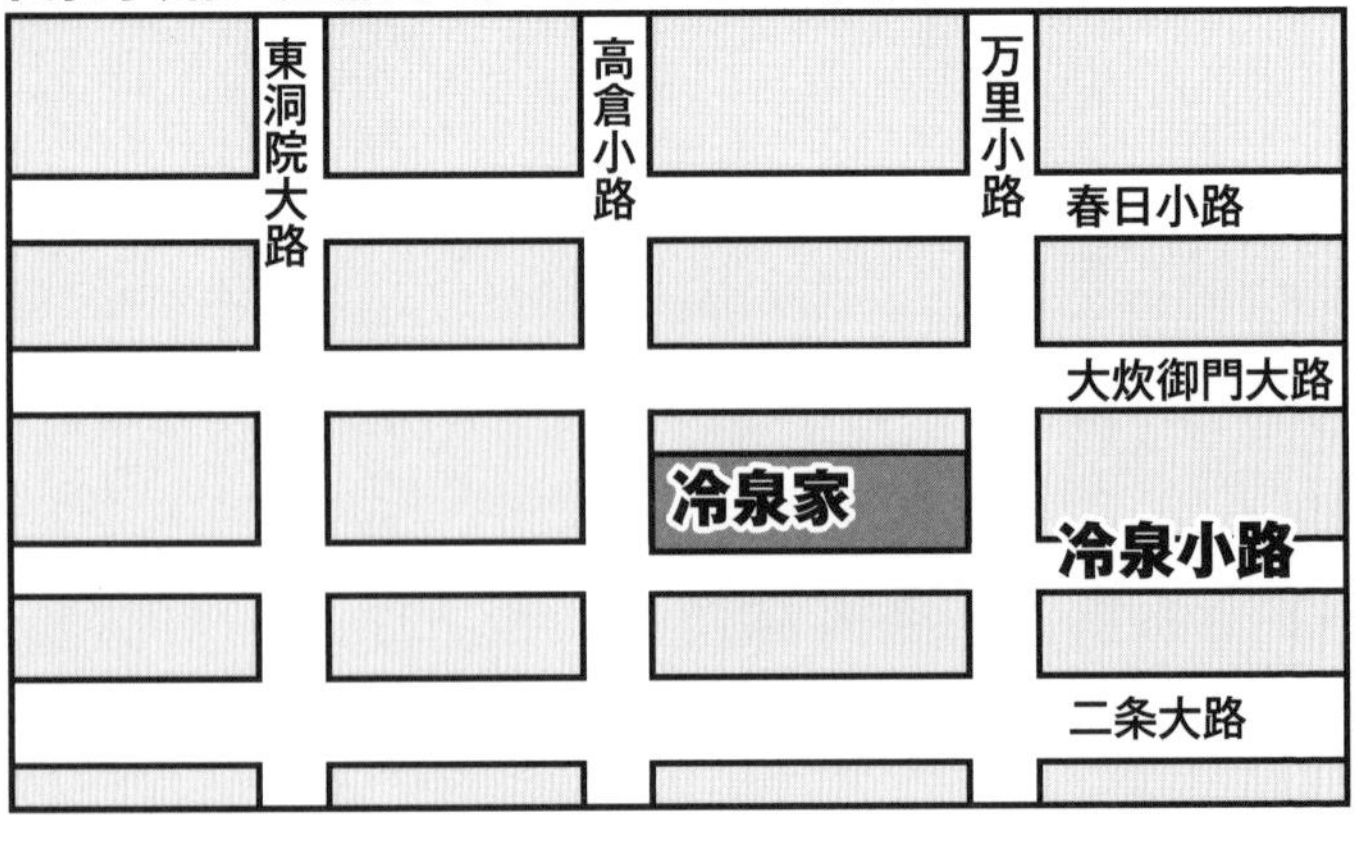

為人さん）

同じように、鷹司さんは鷹司小路、近衛さんは近衛小路、一条さんは一条大路、二条さんは二条大路……こぞって屋敷がある通りの名前を名字にした。

「住みやすい場所、暮らしやすい場所に、人間は住みたいですよね。平安京に暮らしていた貴族たちも出勤する場所、つまり、現在の官公庁にあたる大内裏《だいだいり》の近くに住みたかった。その結果、貴族の邸宅も近くに集中して、当然、土地の価格も上がっていきました」（京都市歴史資料館・井上満郎館長）

平安京の大内裏周辺は一等地だったわけだ。

冷泉家が邸宅を構え、名字にした冷泉小路は大内裏の南に面し、まさにこの一等地にあったと考えられる。つまり、多くの貴族たちは、一等地としてブランド化していた大内裏近くの通りの名前を、自分の名字にしていったのだ。

その後、自分の住む土地にちなんだ名字のつけ方は庶民にも広がり、山のふもとに住む人は**山本**さん、橋の近くに暮らす人は**高橋**さんというように、自分の住む土地に誇りを持って、名字をつけるようになった。

〝名字の元祖〟になった貴族のお名前にはもうひとつ、秘密がある。

「京都の通りの名前の多くは、国家がつけたものではありません。市民たちが自分の暮らし

のなかで身近なものから、通りの名前をつけていたんです」（井上満郎館長）

たとえば、着物を売っている店が多い通りは織物を意味する「綾」から綾小路、油を販売する店が集まった通りは油小路と名づけられた。ちなみに、冷泉小路は通り沿いに離宮のひとつ、冷泉院があったからだ。

いまは高貴でみやびなイメージがあるが、当時は庶民っぽいものだったわけだ。

「平安時代中期以降、中世に入ると、庶民の力が大きく増してきます。貴族も京都の街に近づいていって、庶民との距離を縮めようとした。貴族と庶民が一体となって、京都の街をつくり、支えてきて……いまに至るわけです」（井上満郎館長）

暮らしている土地を愛し、ともに街をつくっていく——貴族たちの名字には、彼らの〝生きる知恵〟が込められていたのだ。

「自分が誇りに思うだけでなく、周りの人もそれを認識しないと、名字として成立しません。また、貴族は名字に庶民が使っていた通りの名前、地名を使いましたが、誰も知らない地名を名字にしても、家を区別することはできません。貴族たちは庶民がつけた地名を使うことによって、京都中に存在をアピールしていたのだと思います」（森岡浩さん）

◆・・・・【京都SP　みやびな名字】

第3章

超難読名字の謎を大解明

【毒島さん】

「毒」をなぜブスと読むのか？

日本人のお名前には、読みづらかったり、名乗りづらい名字もたくさんある。

たとえば、**毒島**《ぶすじま》さん。前田敦子《まえだあつこ》さん主演のドラマ『毒島ゆり子のせきらら日記』、ハロルド作石《さくいし》さんの漫画『ストッパー毒島』などにも登場しているため、「ぶすじま」と読むことをご存じの方も多いだろう。

しかし、その響きから、失礼ながら、ブス＝不美人を連想してしまうが……。

ボートレーサーの毒島誠《まこと》選手。最高峰ＳＧクラスで何度も優勝を遂げている有名レーサーだ。

「結婚しているんですけど、妻は本当にこのお名前になってよかったのかなと……。『ブス』とつく名字は、女性としてはどうなのかなあ」

毒島選手の妻、幸美《ゆきみ》さん。結婚前は**池田**さんというごく普通の名字だったという。

「付き合いはじめのとき、『「ブス」って言われるけど大丈夫？』と言われたんですが、『別に大丈夫じゃない？』と答えたんです。でも、実際はどうしようって思ってました。主人には言っていませんが……」（幸美さん）

女性としては、やっぱり、名乗りづらいだろう。
「毒島さんはそれほど珍しくない名字。群馬県桐生市《きりゅうし》付近に集中しています」（森岡浩さん）
毒島選手の出身も群馬県桐生市だ。
なかでも、桐生市広沢町《ひろさわちょう》には40軒以上の毒島さんが住んでいるという。
「10軒に1軒は毒島だと思います。妻は結婚するとき、自分の名字にしてほしいと言っていました。もちろん、断りましたけどね（笑）」（広沢町に住む毒島良和さん）
調査を続けると……毒島俊雄さんの家には、家系図が代々残されていた。
初代は毒嶋《ぶすじま》勘解由《かげゆ》左右衛門《ざえもん》尉《のじょう》長綱《ながつな》という室町時代の武士だという。
「室町時代に広沢へ移り住んだのが、毒島家の始まりだったようです」（毒島俊雄さん）
桐生市の毒島家は、室町時代から続く名家だったのだ。
ただ、なぜ「毒」を名字に使ったのだろうか？
「祖父は以前、毒島姓の由来だということで、トリカブトを庭に植えてました」（毒島幸一さん）
トリカブトは猛毒を持つことで知られる。
だが、漢方薬の生薬として使われる薬草でもある。たとえば、体を温めて疲労や倦怠感を和らげる「八味地黄丸《はちみじおうがん》」の主要成分として使われているのだ。
「漢方では非常に重要な薬物のひとつなんです。冷えて、死にそうなときには効果抜群。また、以前はトリカブトでしか効果が期待できない病気がいくつもあったと考えられます」（北里大学東洋医学総合研究所医史学研究部・小曽戸《こそと》洋《ひろし》部長）

トリカブトという名前は花のかたちが鶏のトサカに似ているためだが、子根《しこん》は「附子」と呼ばれる。附子の読みは「ぶす」「ぶし」。そのため、毒を「ぶす」と読むようになったという説が有力とされる。

「もともと、毒島家は薬の製造に関わっていた一族。『毒《ぶす》』は薬という意味なので、自信を持って毒島という名字を名乗っているんです」（毒島幸一さん）

ちなみに、不美人を指すブスも、トリカブトの毒で顔の表情が変わってしまうようすが由来とも言われるが、もうひとつ、有力な説がある。

それは、ブスは「ブスケ」の略だったとする説だ。「ブスケ」の「ブ」は否定の「不」、「スケ」は「女」で、いけていない女性のことを意味する。もともと、裏社会で使われていた言葉だったが、戦後、一般的に使われるようになったという。

「名字は子孫代々伝えていくものですから、悪い意味の言葉は入れません。いま聞いて、悪いイメージの言葉でも、最初はいい意味でつけたものが、時代を経て、言葉の意味が変わっていったケースがほとんどなんです」（森岡浩氏）

◆‥‥【名乗りづらい名字】

【目さん】

超絶難読なのは律令制の官職に由来するため！

目さんという名字。正解は後述するが、「め」「もく」とは読まない。ただ、バスケットボールに詳しい方はすんなり読めるかもしれない。

目健人《けんと》選手。プロバスケットボールチームの埼玉ブロンコスで、3ポイントシュートを武器に活躍している。父の由紀宏《ゆきひろ》さんも元日本代表、バスケ界のサラブレッドとして知られる。

「小学生、中学生の頃、よく『め』『もく』と呼ばれていました。先生たちには最初に出席をとるとき、『目』がなぜサ行なのか、不思議がられることが多かった（笑）」（目健人選手）

父の由紀宏さんは山口県出身。目さんは山口県に多く、電話帳を見ると、宇部《うべ》市に16軒！最長老の目勝三さんに取材してみたが、「由来は聞いていません」とのことだった。

そこで、山口県立山口図書館に足を向け、調べてみると……地元の名士を紹介した戦前の資料『郷土発達史人及家』にヒントがあった。山口県厚狭郡高千帆村《あさぐんたかちほむら》（現・山陽小野田市高千帆）の目雅輔村長という人物の経歴のなかに、目姓の由来が次のように記されていたのだ。

「国司時代ノ小典即チ四等官ノ官職名ナリ」

目姓の由来は、職業由来。奈良時代、律令制に設けられていた官職だったのだ。それでは、「小典」「四等官」はどんな官職だったのだろうか？　そこに、目さんをどう読むかのヒミツがありそうだ。

三重県立斎宮歴史博物館学芸普及課・榎村寛之課長は、律令制を解説した古文書『令義解《りょうぎのげ》』を手にしてこう話してくれた。

「国司の四等官とは『長官《かみ》』『次官《すけ》』『判官《じょう》』『主典（小典）』のこと。『守《かみ》』『介《すけ》』『掾《じょう》』『目』とも呼ばれ、いまなら守は県知事、介は副知事、掾は局長クラス。目は事務や文書の作成・管理など行政全般を司っていました。すべてに目を通し、目を配っていたので、『目』『属』とも呼ばれるようになったんです」

それでは、「目」という官職はどう読むのか？

「『め』『もく』でなく、『そうかん』。それが『さかん』になり、やがて『さっか』になりました。主典、小典も同じ読みです」（榎村寛之課長）

目さんの「目」は「さっか」「さかん」と読むのだ。

ただ、あまりにアクロバティックな読み方のため、暮らしづらかったのだろう。歴史を経るなか、やがて「さっか」という読み方は変えず、漢字を変えた一族もあった。

「**属**《さっか》さん、**作花**《さっか》さん、**作華**《さっか》さん、**咲花**《さっか》さん、**作家**《さっか》さん、**眼目**《さっか》さん……これらの名字のご先祖

さまたちは、みなさん、目さんだったんです」（森岡浩さん）

目健人《さっか》選手が番組に、コメントを寄せてくれた。

「今回、初めてちゃんとした由来を知ることができました。自分の職業とは正反対の職業だなと驚いています。ありがとうございました。今後ともチームの勝利に貢献することで目という名字が全国に広まるように精一杯努力していきます。ちなみに私の母の名前は、目ひとみです」

◆……【カラダ名字】

【笟島さん】

「笟」とは「かご」や「ざる」の方言だった！

「私は結婚して、名字が変わりました。でも、誰にも読んでもらえないんです。この名字がなぜ生まれたのか、由来をぜひ知りたいです」――こんな投稿が神奈川県の会社員からあった。笟島沙恵さん。**笟島**さんという名字、確かに読めない……。

「こんな漢字、本当に正直、初めて見ました」（番組レギュラーの女優・宮崎美子《みやざきよしこ》さん）

芸能界一のクイズ女王もお手上げの超難読名字だ。

「困ったことしかありません。読んでもらえないのはもちろん、『笹』はなかなかパソコンでも表示できず、印刷物でも『?・島』になってしまう。結婚した当初、何とか『笹島』で通そうとしたんですが、できないことのほうが多かった。主人に聞いたら、『オレは基本的に笠島《かさじま》だよ』と（笑）。それで、半年ほどで『笠島』に慣れてしまいました」（笹島沙恵さん）

ただ、娘の美月ちゃん、優理恵ちゃんのことが心配でならない。

「私自身が名字でちょっと苦労していることが多いので、娘には苦労をさせず、素敵な名前だと思ってもらえたらいいなと思ってます」（笹島沙恵さん）

どんな超レア名字、超難読名字にも由緒ある素敵な由来があるものだ。

「笹島さんは富山県にわずかにいらっしゃいますが、非常に珍しい名字です」（森岡浩さん）

富山県は射水市新湊地区の**牛**《うし》さん、**酢**《す》さん、**風呂**《ふろ》さん、**釣**《つり》さんなど、超レア名字の宝庫。読めない名字「笹島」の謎を探るべく、レア名字大国・富山へ、笹島沙恵さん、娘の美月ちゃん、優理恵ちゃんと向かうことにした。

まず訪ねたのは、ご主人の地元、富山県富山市八尾町《やつおまち》。おわら風の盆で知られ、美しい街並みや伝統が残るこの街が笹島姓のふるさとだ。

まずは、八尾町で「笹島」が読めるかどうか、聞いてみることにした。

「読めますよ。『そうけじま』です」

一人目からあっさり正解！　そして、八尾町のほとんどの人たちは読むことができた。

それでは、「そうけ」とはどういう意味なのだろうか？

「竹で編んだざるのこと」。「子供の頃、親が『笊、持ってこい』とか、よう言うとった。昔はサツマイモやジャガイモを持ってくるとき、竹のざるしかなかったわけや」。

「そうけ」とは八尾町の方言、「かご」や「ざる」のことだった。「笊」という漢字には「そうけ」「ざる」という訓読みがある。「そうけじま」さんは共通語で「ざるじま」さんだったのだ!?　また、「竹」と「皿」で「笊」、「笊」という漢字は見たままに竹製の皿を意味する。

それにしても、笊島さんのご先祖さまは、なぜ「そうけ」＝「ざる」を名字にしたのだろう？

「生活に密着している大切なものを名字に使おうとする場合、方言を使うケースはしばしば見られます」（早稲田大学社会科学部・笹原宏之教授）

つまり、八尾町で「笊」は、生活に密着した大切なものだったと考えられるわけだ。

「笊」を名字にした謎を探るため、八尾の歴史を調べてみようと、越中八尾観光会館へ向かった。するとと、同会館には「笊」が展示されていたのだった。

「ここに展示されている『笊』は江戸時代、八尾が養蚕業で栄えたときに使われていたものだと聞いています。このなかで蚕を育てたり、蚕のエサになる桑の葉を摘んだり、運んだり

していたそうです」(越中八尾観光協会・楠純太さん)

江戸時代から大正まで、八尾では養蚕が盛んだった。その作業のなかで、欠かせなかった道具が竹製のかごやざる、笊だったのだ。

とくに、八尾町では蚕の卵を売る蚕種業《さんしゅぎょう》が大成功。最盛期の生産量は全国の四分の一を占めた。八尾町は「蚕の都」と呼ばれるほど発展を遂げ、全国から商人が集まった。どうやら、そういう歴史のなかで「笊」を名乗る人が現れたようだ。

「近くの上新町《かみしんまち》に笊島の本家、笊島正嗣さんの家があります」(楠純太さん)

ここで、笊島沙恵さんはなぜかフリーズした。そして、こう一言。

「笊島正嗣は義父なんです……」

笊島の本家は、なんとご主人の実家だった!?

「呉服屋をやっていたことは聞いていますが、養蚕業、蚕種業はまったく聞いたことがありません」(笊島沙恵さん)

さっそく、笊島の本家、ご主人の実家へ向かう。

「呉服屋をやる前、江戸時代から300年ほど、蚕種業をやっていた。それで、もともと『笊島』ではなく、屋号として『笊屋』と名乗ってたんです」(笊島正嗣さん)

江戸時代、笊島家の初代は蚕の卵を売る蚕種商人だった。このことは天保年間の『前田家文書』にも記録として残っている。そして、商売のトレードマークである「笹」を屋号にして「笹屋」と名乗っていた。

さらに、この屋号には、驚きの由緒があった。

「昭和2年刊の『八尾史談《やつおしだん》』にこう書いてあります。笹屋傳兵衛というご先祖さまが名字をどうつけたらいいかとお坊さんに相談した。ところが、『そうけ』という漢字はなかった。そこで、そのお坊さんが竹冠に皿という『笹』をつくってくれた、と」（笹島正嗣さん）

「笹」は八尾で独自に作られた漢字、「方言漢字」だったのだ。

蚕種業で大活躍したご先祖さまは、屋号の「笹」から笹島姓を名乗ったわけだ。

では、なぜ「島」をつけたのだろうか？

「島という言葉は、地形的な島という意味とは別に、社会的な意味での島もあるんです。周囲から少し独立した場所、ある集団のテリトリーも『島』と言います。昔はひんぱんに遊びに行く場所のことを『あそこは、誰彼の島だから』という言い方をしましたが、笹島さんの島もそういう意味でつけたんだと思います」（森岡浩さん）

「島」とは人の集まりのことでもあるのだ。このことを知った笹島正嗣さんは、沙恵さん、美月ちゃんに見せたいものがあると、道の両側を流れる用水路に案内してくれた。

「きれいな水が流れてるよね。これは『えんなか』と言うんだよ」（笹島正嗣さん）

えんなかとは、八尾の町に張り巡らされた用水路のこと。養蚕が盛んだった明治時代、地元の人々が資金を出し合い、議会に働きかけて、生糸の洗浄や繭の煮沸に使うために、この水路をつくったのだ。町民の協力で生まれた「えんなか」は「島」のあかしだ。

「いろんな人の集まりでひとつの仕事ができる。そういうことから、笹の下に島をつけて、笹島姓が生まれたんだと思います」（笹島正嗣さん）

「笹島」とは、街が一丸となって蚕を育て、発展した——この街の歴史そのものを物語るお名前だったのだ。

「こんなに素晴らしい由来があったんですね。子供たちにも、笹島さんという名字の由来のように、周りの人たちと協力していくことの大切さを伝えていきたいです」（笹島沙恵さん）

◆‥‥【クイズ王も読めない超難読名字】

【圷さん】

茨城県発祥の方言名字、方言漢字の代表選手！

方言が漢字になり、それが名字にまでなったケースは他にもある。

たとえば、**圷**さん。土に下と書いて、「あくつ」と読む。
圷さんは茨城県に集中しているのだが、「あくつ」という方言は、どのようにして、「圷」という漢字になっていったのだろうか?
「北関東では低湿地のことを『あくつ』と言います。低湿地と言うと、イメージがよくないんですが、稲作に適しているので大事な場所なんです。それで、『あくつ』という方言がまず生まれ、茨城県ではそれを1つの漢字『圷』にしたんです。山間の棚田では山の下（谷側）が重要だったため、土地が低いことも表して、『土』偏と『下』を組み合わせたと言われています。これも中国にはない、日本でつくられた国字と言われる漢字です」（森岡浩さん）
茨城県には、かつて圷村という村があった（現・茨城県東茨城郡城里町上圷・下圷）。
「3文字の**阿久津**さんも由来は同じ。音に漢字を宛てた、栃木県の名字です」（森岡浩さん）
愛知県の**杁**《いり》さん、**野杁**《のいり》さん、**二杁**《にいり》さん、**杁山**《いりやま》さんも方言名字、「杁」《いり》は方言漢字だ。愛知県では溜池の水門、水路を「いり」と方言で呼んでいた。そして、田んぼの水調整に重要だったため、方言漢字「杁」《いり》がつくられたのだ。
「愛知県はわりと丘陵地が多いんです。そして、丘陵地の上に溜池をつくる。そこに水門をつくって、水を調整しながら田んぼに引いていきます。水門は木でつくられていましたから、『木』偏に『入』で『杁』という方言漢字をつくったんです」（森岡浩さん）

名字からその土地の歴史がわかる――お名前は時代のタイムカプセル。その土地土地の歴史のなかで、暮らす人々の秘めた思いが込められているのだ。

◆……【クイズ王も読めない超難読名字】

【上別府さん】

「うえんびゅう」「かんびゅう」「びふ」とも読む理由とは？

広島東洋カープのレジェンド、北別府学《きたべっぷまなぶ》さん。赤ヘル軍団黄金期を支えた、200勝投手だ。

北別府さん以外にも、**上別府**《かみべっぷ》さん、**中別府**《なかべっぷ》さん、**下別府**《しもべっぷ》さん、**上今別府**《かみいまべっぷ》さん、**上中別府**《かみなかべっぷ》さん、**今別府**《いまべっぷ》さん、**内別府**《うちべっぷ》さん、**大別府**《おおべっぷ》さん、**岡別府**《おかべっぷ》さん……意外と「別府」がつく名字は多い。

だが、北別府《きたべっぷ》さんのように、別府を「べっぷ」と読むとは限らない。

大分県の別府市、別府温泉は普通に「べっぷ」と読む。

ところが、福岡県福岡市城南区《じょうなんく》別府、佐賀県多久市《たくし》東多久町大字別府は「べふ」、大分県宇佐市《うさし》別府、宮崎県延岡市《のべおかし》別府町は「びゅう」と読む。九州には別府がつく地名が300か所以上もあるが、「びゆう」「びゅう」「びゆ」「びゅ」「びう」と読むところもある。そのため、別府がつく名字もいろいろ読み方があるのだ。

「たとえば、上別府さん。『かみべっぷ』とわかりやすい読み方の方もいますが、宮崎県や鹿児島県では『うえんびゅう』と読む方もいます。もともと『うえのべっぷ』と読んで、それが『うえんべぷ』『うえんびゅう』に変わっていったのだと思います」（森岡浩さん）

鹿児島県鹿屋《かのや》市《し》下高隈町《しもたかくまちょう》上別府の「上別府」の読みも「うえんべっぷ」。読みも地名由来だったのだろう。さらに……声優の上別府仁資さんの上別府は「びふ」、歌手の上別府真実さんの上別府は「かんびゅう」と読む。

別府という地名は、平安時代、税金を特別扱いされた「別府」という荘園、税金を特別扱いする証書「別符」に由来するとされる。

大分県別府市は宇佐八幡宮の荘園があり、特別扱いされていた別府だったため、それが地名になったのだ。九州各地の別府という地名がつく場所は、おそらく特別扱いされていた荘園があったところ。住民たちはそれを誇りにして名字にしていったに違いない。

そして、読み方が方言や訛りで徐々に変わっていったのだと考えられる。また、同じ地名が多かったので、他と区別するために読み方を変えていったのだろう。

◆‥‥【お名前相談室SP2】

【五六さん】

謎の読み方は将棋がカギだった！

福岡のアートディレクター、五六正明さん。五六までが名字だが、読み方は「ごろく」ではない。**五六**さんという名字を読める方は、ほとんどいないだろう。

「『ふのぼり』と申します」（五六正明さん）

五を「ふ」、六を「のぼり」と読むのだろうか？　謎である。

「初対面の方で読めた方はほぼいません。仕事でも名前の話ばっかりになって……本業の売り込みをしようとしても、名前の話に終始してしまうことも多いんです」（五六正明さん）

超難読名字ならではの悩み。ただ、やはり、好きな数字は5と6だという。

「温泉に行ったとき、ゲタ箱は56が空いてないかと探します（笑）」（五六正明さん）

クルマのナンバーも「５６」。経営している広告制作プロダクション、センターフォワードのトレードマークも、サッカーのユニフォームに社名の英語表記と「56」が入ったものだ。

ただ、五六で「ふのぼり」と読む理由はわからないという。

「将棋が関係していると聞いたことはありますが……」（五六正明さん）

将棋に関係しているのなら……ひふみんこと、加藤一二三九段に聞いてみることにした。

「五六で将棋に関係があり、ふのぼり？　ああ、フノボリのフは将棋の歩ということでしょうね。そうすると、のぼるというのは一手前へ進めることかな」（加藤一二三九段）

通常、棋譜では将棋盤の横（筋）を算用数字、縦（段）を漢数字で記載する。

すると、5六歩は左下図のようになる。

「5六歩は歩が一つ前に進む。歩がのぼっているわけです。ですから、私、お聞きして、初手5六歩、つまり、歩がのぼっている状態なので『ふのぼり』と読むのではないかと思いました」（加藤一二三九段）

初手5六歩とは最初の一手で中央の歩を進めること。この指手には、どのような意味があるのだろうか？

「将棋にとって、中央というのが要《かなめ》です。中央を押さえたら、まず戦いやすいというのがプロの常識なんです。そういうちゃんとした考えのもと、5六を突いていらっしゃることになる。なので、やっぱりこのお方は将棋がお強かったと思います」（加藤一二三九段）

あるいは、将棋好き、将棋が得意だったご先祖さまが

読み方を変えたのかもしれない。
「イメージとして、歩が進むという表現よりも、歩がのぼっていくほうが非常にダイナミックで跳躍感がある――私はそういうふうに捉えました。中心から威風堂々、前に進んでいく。だから本当に、これから先の幸せを願った名前の読み方だと思いますね」（加藤一二三九段）

◆……【数字がつく名字】

【四十物さん】

「あいもの」と読む吃驚仰天の由来！

富山県黒部市《くろべし》に住む四十物直之さん。「よんじゅうもの」と読む名字ではない。もちろん、「よそもの」でもなく、正解は……あいもの！　どう転んでも四十を「あい」とは読めない。
なぜ、**四十物**さんは、そんな突拍子もない読み方をするのだろうか？
「うちの祖父はニシンの網元でした。それに、ニシン粕などの海産物を扱う商売もやっていたんです」（富山県黒部市に住む四十物直之さん）
四十物直之さんが社長を務める四十物昆布。オフィスに「全國魚粕商連合會正會員之証」

という看板が掲げられている。これは水産庁が戦前、魚粕商に発行していたものだという。

「魚粕や塩漬け、一夜干し、開きなどは鮮魚と干物のあいだのものなので『あいもの』と呼ばれます。『相物』『合い物』『間物』とも書くんですが、四十種類ほどあるため『四十物』で『あいもの』と読むようになったそうです」（四十物直之さん）

ちなみに、黒部市には生地四十物町《いくじあいものちょう》という地名もある。

なぜ、こんなに読みにくい海産物の名前を地名、名字にしたのだろうか？

石川県立歴史博物館資料課・濱岡伸也課長は、加賀百万石の歴史と深い関係があると言う。

「港、港でどういうものが扱われていたのか、書き留めた書類が残っています」

江戸時代の史料から、塩タラコ、塩クジラ、塩サバなどなど……驚くほどの種類の四十物が取引されていたことがわかる。冷蔵庫のなかった時代、四十物は庶民の食生活を一変させた、革新的な食べ物だったのだ。

「塩をすることで腐りにくくでき、輸送距離を延ばせます。また、より生に近い海産物が届けば、食生活も豊かになる。四十物の役割は非常に大きかったと思います」（濱岡伸也課長）

江戸時代につくられた加賀藩城下町の商店リスト「金沢町名帳」を見てみると、「四十物商売」「四十物荷宿」など、四十物関係の商店がずらりと並んでいる。

「取り扱ったおかげで商売がうまく回った、届けられたことで村の生活がよくなったという

ように、四十物は加賀藩を豊かにしていったものなんです」（濱岡伸也課長）

「あいもの」を「四十物」と表す理由がもう一つ、東京で見つかった。築地《つきじ》場外市場《じょうがいしじょう》のひもの専門店「ひものつきぢ尾粂《おくめ》」、漬魚専門店「漬魚つきぢ尾粂」。この2店を運営する尾粂商店の加納宏二社長は築地市場合物《あいもの》業会の会長を務めている。

「塩漬けや粕漬けなどあいものは、生魚より保存が利くので、いつでも食べられる。つまり、〃始終《しじゅう》〃食べられるわけです。この『始終』を『四十』という漢字に宛てて、『四十物』を『あいもの』と読むようになったようです」（加納宏二社長）

江戸っ子らしい、粋な言葉遊びも由来になっているようなのだ。

同じように、数字がつく名字のなかで、**七五三**《しめ》さんは言葉遊びのような読みをする。読み方の由来は、注連縄《しめなわ》を「七五三縄《しめなわ》」とも表記することにある。

「昔、七五三縄は1本の横縄に7本、5本、3本の縄を束ねてつるしたらしいんです。それで、『七五三』と書いて『しめ』と読むとされています」（森岡浩さん）

一尺八寸《かまつか》さんも読み方の由来がおもしろい。草刈りに使う「鎌《かま》」の「束《つか》」（長さ）が1尺8寸（約54・5㎝）なので、「かまつか」と読むのだ。

【樗木さん】

古代中国の思想家、荘子の哲学が秘められていた！

「樗木《ちょぼく》」という言葉がある。辞書で意味を調べると、「① ニワウルシの木。②役に立たない木。無用なもの」（三省堂『大辞林』第三版）。

あまりいい意味はないのだが、**樗木**さんという名字の方もいる。鹿児島県や福岡県に集中しているが、読み方は「おうてき」「おおてき」「おてき」「ちしゃき」ほか、超難読で地域によって違う。なぜ名字に使われ、こんなにむずかしい読み方をするようになったのだろう？

植物の樗木は日本語でニワウルシのことだ。ウルシとは別種で中国原産の外来種。適応力が強く、初期の生長も非常にはやい。明治時代初め、街路樹や蚕を育てるために輸入されてきたが、各地で野生化したため、最近では在来種に害を与えると伐採されることも多い。

また、葉には独特の臭いがあり、中国では「臭椿」とも呼ばれているほどだ。さらに、繊維が粗いため、建材にも不向きとされる。

調べれば調べるほど、いい意味は見つからないが……。

古代の中国思想に詳しい大阪府立大学・平木康平名誉教授はこう語る。

「2400年前の中国の思想書『荘子《そうじ》』のなかに樗の木に関するおもしろい話があります。樗の木を見た人が樗の木は大きく育つだけで、役に立たない木と言ったのに対して、荘子《そうし》は大きく育つからこそ、人に休息を与えるための木陰をつくる。ものの価値は、見方を変えれば、世間一般の価値とは違うものが見出されるということを説いているわけです」

一見無用とされているものも、本当は大切な役割を果たしている。この世に無用なものは存在しない——これを荘子は「無用の用」と唱えた。

樗木さんのルーツの一つ、鹿児島県薩摩川内市《さつませんだいし》。この地の樗木《おうてき》さんは奇《く》しくも「無用の用」を体現していた。同市歴史資料館に展示されている長さ4mという巨大な船の設計図。

「室町時代から江戸時代、この地で建造されていた『安宅船《あたけぶね》』と呼ばれる巨大な軍船の図面で、日本で唯一残されているもの。秘伝中の秘伝です」(中島哲郎館長)

これらの史料は薩摩川内市の樗木家で代々保管されてきた。同市久見崎町《くみざきちょう》にはかつて薩摩藩直轄軍港があり、樗木家は代々、惣船大工役、つまり、船大工の棟梁を務めてきた。中国や琉球と独自のルートで交易していた薩摩藩にとって、航行距離が長い大型船の設計図は必要不可欠なものだったのだ。

ところが、江戸時代初期、徳川幕府は大型船の建造を禁止、設計図は無用のものとなってしまったのだ。それでも、樗木家はいつか役に立つときがくると密かに保管していた——設計図などの文書、記録は昭和に入って発見され、謎だった安宅船を知る重要な史料となった。現在、同館の「船大工樗木家関係資料」は国の重要文化財に指定されているほど。無用のものなどではなかったのだ。

「樗材《ちょざい》」という言葉もある。「役に立たない材木。転じて、役に立たない人。また、自分をへりくだっていう語。樗才」(三省堂『大辞林』第三版)。他人に向けては悪い意味になるが、自分のことを称するときには謙遜になる。

「中国では謙遜の意味を込めて、名前の一部に使っています」(森岡浩さん)

明治の文豪、高山樗牛《ちょぎゅう》。「樗」に加えて「牛」も『荘子』に「牛は図体が大きく動作が緩慢だが、畑を耕すという大きな仕事をする」という一節がある。「樗牛」というペンネームには、「無用の用」の存在でありたいという主張が秘められているわけだ。

『荘子』が日本に伝わってきたのは、飛鳥時代のことだ。樗木さんのご先祖さまも、そういう思いを込めて、名字にしたのかもしれない。

それでは、樗木さんを「おうてき」「おおてき」「おてき」「ちしゃき」などと読むのはどういう理由なのでろうか？　前述のように植物の樗木《ちょぼく》が日本に入ってきたのは、明治時代初期だった。ところが、「樗」という漢字は、古代に日本に伝わっていて、実物とは違う植物のことを「樗」としていたのだ。

たとえば、『平家物語』に記された「左の獄門の樗の木にぞかけたりける（獄舎の門の左にあった樗の木に〔斬首された罪人の首を〕架けてさらした）」の樗の木は古名で「あふき＝おうき」と呼ばれていたセンダン（栴檀）のことだ。「おうてき」「おてき」と読むのは、「おうき」が変化していったためだと考えられる。「ちしゃき」と読むのは、樗とチシャノキ（萵《ち》苣《しゃ》の木《き》）を同じとしたためだ。

「**樗沢**《ぶなさわ》さんという名字もありますが、これは樗がブナ（橅）と同じものと思われていたからだと考えられます」（森岡浩さん）

◆‥‥【船の〇〇丸の謎】

第4章

超びっくりな由来を持つ名字

【鬼さん】

豊臣秀吉から「鬼」のように強いと賜った名字！

鬼さんという名字もある。鬼嫁、鬼婆、鬼教師、鬼上司……鬼には、ネガティブな印象が強い。だが、**【強そうな名字】**（2017年8月31日放送）でも取り上げたように、「鬼」という言葉には「悪い」「怖い」だけでなく、「強い」「ものすごい」という意味があり、さまざまな由来がある。

東京都在住の鬼宗久さん一家。長男夫婦、孫と三世代、5人で暮らしている。

「朝鮮出兵があったとき、ご先祖さまが武勲を立て、豊臣秀吉から『お前は鬼のように強いから、名字を鬼と名乗れ』と鬼姓を賜ったそうです」（鬼宗久さん）

鬼宗久さん、長男の忠久さんはじめ、鬼さん一家は鬼とは縁遠い、柔らかな印象だ。そして、一家全員、鬼姓に誇りを持っている。

「昔は日本人にとって、鬼というのは必ずしも悪ではなくて、人智を超えたものすごく強い、神のような存在だったんです。ものすごいことを成し遂げた、普通の人ができないことをやったという、プラスイメージがあって、崇《あが》める対象でもあったのではないかと思います」（世

鬼をご先祖さまに持つ奈良県の五鬼一族などは、『日本人のおなまえっ！②』「Part 6　強そうな名字の恐るべき意味!?」に所収されている

界鬼学会会長、佛教大学・八木透教授）

鬼家の節分。豆まきのかけ声は、「福はうち　鬼もうち　悪魔そと」だ。年中行事を通して、一家は「鬼」に込められた本当の意味を伝えてきた。だからこそ、鬼姓を堂々と名乗っているのだ。だが、鬼家のように、代々本来の意味が伝わっているのはレアケースだ。由来もわからず、名乗りづらいために改姓することが急増した時期もあった。

「毒島さんのように特定の地域に集中していれば、珍しくも何ともありません。しかし、東京など大都市に移り住むようになった高度経済成長期、転居先で〝珍しい〟〝変わっている〟とされるようになった。それで、改姓する人がかなり増えたようです。社会生活に著しい支障をきたす場合、家庭裁判所に申し立てれば、改姓は認められますからね」（森岡浩さん）

◆……【名乗りづらい名字】

【鼻さん】

鼻のつく名字が意外と多い理由とは？

頭や口、鼻、舌、耳、首、手や足、肩、肘、指、脇、腰……カラダの部位がつく名字はたくさんある。

なかには、**靨**《えくぼ》さん、**臂**《ひじ》さん、**白髪**《しらが》さん、**臍島**《ほぞじま》さんなど難読の超レア名字、**口**さん、**鼻**さん、**指**さん、**腰**さんといったシンプルな超レア名字もある。そんななか、意外と数多いのが鼻のつく名字。その多くは地形、地名由来である。地名研究家・楠原佑介さんは言う。

「鼻は海や湖沼に突きだした岬などのことです。実際、瀬戸内海の岬の名前は、半分以上に鼻がついていると思います」

豊予海峡《ほうよかいきょう》で獲れる、ブランド鯖、ブランド鯵。大分県側で水揚げされると関鯖《せきさば》、関鯵《せきあじ》だが、対岸の愛媛県で獲れると岬鯖《はなさば》、岬鯵《はなあじ》となる。これは佐田岬、岬＝鼻で漁獲されるためだ。

さらに、内陸部でも、岩が突きだした場所は岩鼻と呼ばれ、地名になっているところもある。それが、**岩鼻**さんの由来になった。

「**花岡**さん、**花形**さん、**花田**さん、**花村**さんなど、花がつく名字も、もともとは鼻だったケースが多い。名字には、縁起がいい、きれいな漢字を使いますからね。ただ、逆に、大阪府のレア名字、**鼻毛**さんは**花下**《はなげ》さんが改姓したという説もありますが、さらに、大阪府泉大津《いずみおおつ》市《し》の鼻毛さんは、もともと**髭**さんだったとも伝えられています。明治時代初期、名字を届け出たときに、わざわざ改姓したとされているようです」（森岡浩さん）

◆‥‥**【カラダ名字】**

【爪さん】

カラダの爪ではなかった!? 驚天動地のその由来!

爪さんは、日本全国で約10世帯（森岡浩さん推計）。かなりレア度の高い名字だ。

「爪は単純な漢字ですが、名字では特殊。みなさん、どう読んだらいいか悩まれるみたいで、病院や役所の窓口で戸惑われるケースも多いんです」（爪光男さん）

読みは普通に「つめ」。「爪」は「つま」という訓読みがあり、音読みは「ソウ」「ショウ」と難読レベルだ。ただ、「爪」がつく爪一族は、基本的に「つめ」「づめ」と読む。

ちなみに、〝爪一族〟はレアな印象があるのだが、下表のように意外と大勢力だ。

爪一族は一大勢力！

井《い》爪《づめ》	池《いけ》爪《つめ》	石《いし》爪《づめ》	猪《いの》爪《つめ》	岩《いわ》爪《づめ》
江《え》爪《づめ》	奥《おく》爪《づめ》	蚊《か》爪《づめ》	加《か》賀《が》爪《つめ》	加《か》々《が》爪《つめ》
柿《かき》爪《づめ》	神《かみ》爪《づめ》	木《き》爪《づめ》	北《きた》爪《づめ》	苦《く》爪《が》
倉《くら》爪《づめ》	孤《こ》爪《づめ》	坂《さか》爪《づめ》	阪《さか》爪《つめ》	椎《しい》爪《づめ》
篠《しの》爪《づめ》	瀬《せ》爪《づめ》	田《た》爪《づめ》	滝《たき》爪《つめ》	竹《たけ》爪《つめ》
爪《つめ》川《かわ》	爪《つめ》田《た》	爪《つめ》長《なが》	爪《つめ》野《の》	爪《つめ》橋《はし》
爪《つめ》林《ばやし》	爪《つめ》丸《まる》	奈《な》爪《つめ》	西《にし》爪《づめ》	橋《はし》爪《づめ》
橋《はし》之《の》爪《つめ》	浜《はま》爪《づめ》	樋《ひ》爪《つめ》	日《ひ》爪《づめ》	火《ひ》爪《づめ》
肥《ひ》爪《づめ》	東《ひがし》爪《づめ》	旭《ひの》爪《つめ》	冬《ふゆ》爪《つめ》	猿《まし》爪《づめ》
渡爪《わたりづめ》など				

なぜ、「爪」のつく名字の種類が多いのだろうか？

「ご先祖さまは、庄屋だったそうです。あるとき、家の近くに流れていた川が氾濫、橋が流れてしまったのですが、近くの庄屋と橋を架け直しました。それで、褒美として、うちは『爪』、もう一軒の庄屋は『橋』という名字を領主から賜ったと聞いています」（爪光男さん）

「爪」の語源は物の「端《つま》」。足の端、指先を「爪先《つまさき》」と言うのも、ここからきている。橋の両端＝「爪」は、たもとで橋を支えている重要な部分。そこで、ご先祖さまは誇りをもって「爪」を名字に選んだわけだ。

さらに、「爪」は土地の先端や奥地を意味する「詰」の宛字で名字に使われている。そのため、爪一族は数多いと考えられるのだ。

◆・・・・【カラダ名字】

【川尻さん】

カラダ名字の由来はほとんどが地形、地名だった！

なぜ、日本人のお名前には、カラダの部位が使われることが多いのだろう？

「パンの〝耳〟や台風の〝目〟……日本語にはカラダの比喩が多いですね」（古舘伊知郎さん）

カラダ名字で種類、人口が多いのは、「口」がつく名字だ。名字人口ランキングにも、14位に**山口**さん、72位に**谷口**さん、91位に**野口**さんがランクインしている。

カラダ名字の多くは、地形、地名が由来だ。そこから名字に口がつく理由を想像してみると、口は食べたり、飲んだりするときの入口になる。たとえば、ランキング809位の**森口**さんという名字の由来なら、ご先祖さまが森の入口に住んでいたということなのだろうか……。

「半分、正解です。森という漢字は木が多いから木を3つ書きますが、もともと、盛り上がったところという意味で『もり』なんです。そして、盛り上がったところに神社が建てられることが多く、その入口から『森口』という地名になりました」（地名研究家・楠原佑介さん）

古来、盛り上がった場所には神が宿ると考えられていて、神聖な場所とされていた。やがて、その森に神社、お宮が建てられ、そこへ続く道の入口が森口と呼ばれたのだ。

「森口は芸名なんですが、素敵な由来だったんですね」（歌手、タレント・森口博子さん）

次に、ランキング117位の**川口**さん。川の入口、つまり、海につながる河口近辺の地形が由来なのだろうか？　ただ、埼玉県川口市は内陸にある。

「川口、川の入口は川に入るところという意味です。川口という地名がついている場所の多くは、川の支流が本流に流れ込んでいるところなんです」（楠原佑介さん）

実際、川口市を上空から見ると、荒川の支流、新芝川《しんしばかわ》が本流に流れ込んでいる。
それでは、河口附近の地名はどうなのか？
「川から田んぼに用水を引き入れて、最終的に排水する最下流の〝お尻〟、水上交通の要路だった川の終点の〝お尻〟という意味で、川尻になります。なお、川が股のように分かれるところは川俣です。川尻に住んでいた人が**川尻**さん、川俣に暮らしていた人が**川俣**さんという名字を名乗ったわけです」（楠原佑介さん）
沢口さんに**沢尻**さん、**田口**さんに**田尻**さん、**江口**さんに**江尻**さん……水にまつわるカラダ名字も同様の由来だ。

◆・・・・【カラダ名字】

【脇田さん】

ご先祖さまはパイオニア！
脇役でなく、主役を張れる名字だった⁉

「脇」がつく名字の代表格、**脇田**さん。文字通り、田んぼの脇、畦道《あぜみち》の集落に住んでいた一族なのかと思いきや……。

「脇田の田は、田んぼとは限らないんです。この田には、神社仏閣や領主や大名、代官の屋敷など、暮らしのなかで大切な建物という意味もあります」(楠原佑介さん)

もうひとつ。清水が湧き出てくる泉にかかわる場所にも、脇田という地名がつけられた。

「清水が湧き出てくるのは、山の麓。そういうところを開拓して、田んぼを最初に耕した人が、脇田さんのご先祖さまです」(楠原佑介さん)

脇役ではなく、村づくりの主役を張る名字だったのだ!?

また、足立区など、地名でも馴染み深い**足立**さん。

「足で立つので、バランスがいい感じがします。橋の上でバランスよく立っているみたいなイメージがあります」(タレント・足立梨花さん)

足立区の足立の由来は、この地で日本武尊《やまとたけるのみこと》が立てるようになったからという伝説もあるのだが……楠原佑介さんはこう言う。

「年上のきょうだいを兄、姉といいますが、『あ』には上という意味があります。足立さんの『あ』は『足』という漢字を使っていますが、実は高いところという意味なんです。日本には山岳信仰がありますが、盛り上がった高い場所を『あだち』と読んでいて、それに『足立』という漢字が宛てられるようになりました」

足立さんの由来はこれだけではない。葦《あし》が生える湿地帯、葦が立つ河原が「葦立」と呼ばれ、それが「足立」になったという説だ。古代、足立区は海に面した湿地帯だった。

◆‥‥【カラダ名字】

【海部さん】

飛鳥時代、部のつく名字が9割だった⁉

日本人の名字の歴史は意外と古い。史料として残っているものとして、もっとも古いもののひとつに古墳時代、飛鳥時代の木簡がある。木簡とは文字を書くために使われた木のことで、いまでいう納税証明書や手紙などの貴重な歴史的資料だ。

ここに名前、名字が記されている。木簡が発掘されているのは、平城京跡。発掘を続ける、奈良文化財研究所史料研究室・馬場基室長は語る。

「平城京は1300年前の都。全国の人間の名前を書いたいろいろなものが見つかっています」

奈良文化財研究所には、発掘された約1万点の木簡が大切に保管されている。部屋は温度、湿度がコントロールされ、通気性がよく防湿効果に優れているうえ、虫を寄せにくいとされる桐のタンスに収められている。それもそのはず、この木簡のなかの3184点は「平城宮跡出土木簡」として2017年9月に国宝に指定されているのだ。

木簡に記されているお名前を見ていくと、部のつく名字が多い。

たとえば、**猪甘部**さん。猪肉の甘い部分なのだろうか？

「『甘』は甘いではなく、飼う、養うという意味で、『いかいべ』と読みます。古墳時代、猪の肉は薬用として身分の高い人たちに食べられていましたが、猪甘部は猪を飼う人たちのことを指します」（馬場基室長）

さらに、**海部**さん。いまは『かいふ』と読むことが多いが……。

「『海部』は『あま』と読みます。木簡には納税の記録などが記されていますが、海部の木簡には『供奉』『佐米』とあります。『供奉』は供え奉ること、『佐米』はサメのこと。海で仕事をしてる人たちが毎月、サメの干物を納めていた状況証拠です」（馬場基室長）

なぜ、多くの人たちが部がつく名字を名乗っていたのだろうか？

その理由は「部」という文字は職業を表し、それがお名前になっているからだ。
○○部さんのご先祖さまたちの多くは職能集団であり、部のつく名字はほとんどが職業由来と考えられる。1400年以上前の飛鳥時代、部のつく名字は半数以上、いや、9割以上だったという説もあるくらい。超メジャーな名字だったのだ。

◆‥‥【部のつく名字】

【服部さん】

もともと、絹糸から布を織っていた機織部さんだった⁉

部のつく名字が生まれた時代は、大山古墳《だいせん》（仁徳天皇陵《にんとくてんのうりょう》）などがつくられた古墳時代。この頃、日本は、一国としてまとまっておらず、地方豪族が日本各地を治めていた。もっとも勢力のあった豪族、現在の天皇家がこの国の統一を目指していたのだ。

そんななか、部のつく名字が生まれたのだが、その経緯、理由を考えてみると……奈良文化財研究所史料研究室・馬場基室長は会社にたとえてみると、わかりやすいと言う。

「日本全体で会社をつくっていくと、想像してみてください。古墳時代は全国各地に、地方豪族という小さい会社があります。その一番大きな会社が全国制覇を目指していくとします。すると、周りの小さい会社を吸収合併していくことになる。社長はいまの天皇家が務めて、群雄割拠していた地方豪族たちが重役になっていく。その下で豪族が部長職となり、職種によって猪甘部、海部や長谷部、機織部《はたおりべ》などと名乗りました。さらに、部長の下で働く庶民たち、平社員も、猪甘部、海部や長谷部、機織部と呼ばれるようになっていったんです」

いまでいうと、経理部、人事部、営業部などがお名前になったわけだ——庶民に名字がついたのは、このときが初めてのことだった。いま、部のつく名字で人口が多いのは……**阿部**さん、**渡部**さん、**服部**さん、**安部**さん、**岡部**さん、**磯部**さん、**矢部**さんの順である。

「渡部には2つの説があります。川の渡し守、渡し船を操る人たちという説と、渡し場の側に住んでいたという説です。服部は機織部が由来、矢部はもともと矢作部《やはぎべ》でした。矢作部から矢部姓、矢作《やはぎ》姓という2つの名字が生まれたんです。ちなみに、綾部の綾はただの織物ではなくて、高級織物。高級織物を織っていた人たちのことです」（馬場基室長）

ちなみに、**長谷部**《はせべ》さんはご先祖さまが雄略《ゆうりゃく》天皇、大長谷若武《おおはつせわかたける》命《のみこと》の身の回りの世話をしていた集団、**機織部**《はたおりべ》さんは絹糸から布を織る職業をしていた人たちのことだ。現在、機織部さんという名字は残っていないが、「はたおりべ」が訛って「はとりべ」「はっとり」となり、服部さんの由来になったと考えられている。服をつくるので「服部」と呼ばれたとの説もあるが、もともとは「はっとり」ではなく、「はとりべ」と呼ばれていたのだ。

◆……【部のつく名字】

ただ、部のつく名字でも古代の職業由来のものではないお名前もある。渡部さんの渡し場の辺りに住んでいたのと由来が同じで、たとえば、**坂部**さんは坂の辺りに住んでいて、「辺」が「部」に変わっていったと考えられる。番組レギュラーの澤部佑さんの**澤部**さんも、ご先祖さまがおそらく沢の辺りに住んでいたことが由来になったお名前だ。

【中村さん】

村がつく名字には、権力に抗い、時代を切り拓いた歴史が秘められていた！

村がつく名字は数多く、その数は全部で300種類以上とされる。

「『日本人の名字人口ランキング』の100位以内に**中村**さん、**木村**さん、**村上**さん、**西村**さん、**田村**さん、**村田**さん、**野村**さん。7つの名字がランクインしています」（森岡浩さん）

次ページの左下表が、村がつく名字の人口ベスト20だ。なぜ村がつく名字は一大勢力を持つようになったのだろうか？

ときを遡ること800年前の鎌倉時代。この頃にはまだ村はなかった。農民たちは田畑を耕しながら、家族単位で散らばって暮らしていた。ただ、彼らは地主の支配の下、土地や農機具、さらには稲の苗まで貸し与えられ、奴隷のような厳しい生活だった。そんななか、鎌倉時代後期、鉄の鋳造術がめざましい進歩を遂げた。その結果、以前は貸し与えられていた鉄製の鍬《くわ》や鎌《かま》の値段が下がり、農民たちにも買えるようになったのだ。そして、農民たちは協力して原野を開拓。土地を共有するようになり、血のつながりのない他人同士がともに暮らす共同体が生まれた――農民たちは地主から独立を果たし、日本に村が生まれたのだ。中世史を専門にする明治大学商学部・清水克行教授は語る。

「語源としては、人が群がってるから『ムラ』です。庶民の歴史にとっては、関ヶ原の戦いや本能寺の変より、村が成立したことのほうが大きな意味があるんですよ」

村では『宮座』『入れ札』など、共同体をうまく運営するシステムをつくりあげていた。

宮座は神社や用水路管理、村の掟を決める輪番制の運営組織、入れ札は犯罪が起き、犯人が特定できない場合、犯人と思う人を投票する制度のことだ。

村落共同体ができたことで、農民たちの暮らしは画期的に変わった。独裁的な地主から独立して村は栄えて、人口も増えた。ところが、人が増えると、今度は村人同士のコミュニケーションがうまくいかなくなってきた。同じ村の仲間として互いに認識できるのは、１００軒ほどが限界。世帯数が増えることで、今度は村の運営がむずかしくなってきたのだ――

このことが、村がつく名字を誕生させることになる。村の若者たちは新しい村をつくるために、東西南北へ散って

村がつく名字人口ランキング

1位	中村	8位
2位	木村	18位
3位	村上	35位
4位	西村	43位
5位	田村	53位
6位	村田	79位
7位	野村	93位
8位	北村	114位
9位	吉村	127位
10位	川村	157位
11位	松村	166位
12位	奥村	197位
13位	今村	212位
14位	岡村	221位
15位	村山	235位
16位	河村	249位
17位	村松	298位
18位	村井	332位
19位	大村	345位
20位	藤村	369位

森岡浩さん調べ

いった。そして、新しい村を東村、西村、南村、北村と名づけて、**東村**さん、**西村**さん、**南村**さん、**北村**さんと、自らの名字にしていったのだ。

「中心にある最初の村が中村なんです。パイオニアを日本語で草分けと言いますが、語源は何もない草原で草を刈り、集落をつくること。中村さんはまさに草分けです」（清水克行教授）

名字人口ランキングで8位に中村さんが入っているのも、理由あってのことだった。

「中心にいた中村さんは、ずっと中村を名乗り続けるんです。それに対して、周辺の村は東西南北以外も、新しくつくった村は『新村』、いまつくられた村は『今村』……いろいろなバリエーションがある。ところが、最初の村はみんな中村なので、他と比べると自然と中村さんという名字が多くなるんです」（森岡浩さん）

日本に村がつく名字が多いのは、権力に抗い、自らの手で時代を切り拓いた人々がそれだけ多いことを意味する――村がつく名字は、誇り高きお名前だったのだ。

◆……【村がつく名字】

【吉村さん】

「吉」でなく「葦」が由来という説も!?

村がつく名字は**中村**さんや**西村**さん、**新村**さん、**今村**さんなど、村そのものを意味するもの以外にもたくさんある。そのなかでも、**稲村**さんや**竹村**さん、**樫村**さんなど、植物の名前＋村さんが多い。これは、なぜなのだろうか？

「村では稲作をやっているイメージがありますが、村によって、特産物はさまざまなバリエーションがあります。米以外の自慢の特産品が村の名前となり、その後、村人の名字になっていったんです」（清水克行教授）

桑村さん、**柿村**さん、**樫村**さん、**桐村**さん……これらの名字は、ご先祖さまが住んでいた村の特産品に由来しているのだ。さらに、**吉村**さんにも植物由来説がある。

「吉村さんの由来は2説あります。ひとつは、自分の村に『吉』という縁起のいい言葉をあてて、いい村に住んでいると言いたかったという説です。もうひとつは、川辺に生えている『葦《あし》』という植物由来説です。『葦』は『悪し』と音が同じなので、『吉』と言い換えたんです。それで、葦が生えている村が葦村＝吉村となった。昔、葦の茎や葉は葦舟や楽器、紙、食料、肥料、生薬など幅広く使われるものだったんです」（森岡浩さん）

ところで、**田村**さんと**村田**さん。名字の由来は同じなのだろうか？

「田村さんは田んぼの多い村。そういう村に住んでいた人が田村さんを名乗るようになりました。一方、村田は村の共有の田んぼのことです。村田を管理していた人が、村田さんを名乗ったと考えられます。この村田はよくできたシステムなんですよ。たとえば、村のなかで両親が亡くなって孤児になるケースがあります。そうすると、家の持っていた田んぼを子供だけで耕すことができない。そこで、村田にするんです。村の共有の田んぼにして、みんなで耕して、子供が成長したら、返してあげる。互助システムになっていたんです」(清水克行教授)

村田で穫れた米は、神社や寺の運営資金にもしていた。

そこで、寺のための村田は「寺田」、神社のための村田は「神田」と呼ばれ、そこから、寺田さん、神田さんも生まれることになった。

◆……【村がつく名字】

【木村さん】

木が多い村が由来ではない⁉
番組による新説!

村がつく名字人口ランキング2位の**木村**さん。

木が多い村が木村と呼ばれ、地名が名字になったという説が一般的だ。

ところが、調べていくと……まったく新しい仮説が見つかったのだ。

ランキング1位の**中村**さん。中村という地名は、豊臣秀吉の出身地、名古屋市中村区（尾張国愛知郡中村郷）を含め、日本全国に169か所もある。しかし、木村という地名は、わずか5か所しかないのだ。木村さんが地名由来だとすると、いかにも少なすぎる——ここにヒントが秘められていると考えて、取材班は徹底取材をすることにした。

まず訪れたのは、兵庫県加古川市《かこがわし》加古川町《かこがわちょう》木村。さっそく木村の由来について、聞き込みを始めてみると……「海やったとこやねん」。「おばあちゃんは昔は田んぼばっかりって言ってた」。どういうわけか、木がたくさん生えていたという証言は得られなかった。

そこで、加古川市役所に向かって、木村に関する史料を探してみることにした。

「『木村は紀伊村の転訛なるべし』と記された史料があります」（加古川市役所総務課文書統計係・森位耕三係長）

紀伊村がなまって、木村と呼ばれるようになった⁉　紀伊といえば現在の和歌山をさすが、加古川市とはいささか距離がある。謎は深まるばかりだ。

次に向かったのは、福島県郡山市《こおりやまし》西田町《にしだまち》木村。ご先祖さまが庄屋としてこの地をとりまとめていた會田一男さんの家に、村に関する古い史料が眠っていた。

「これは嘉永《かえい》年間（1848~1855年）の『木村明細書上帳《きむらめいさいかきあげちょう》』という史料ですが……年貢700文を紀州・熊野、速玉社《はやたましゃ》に納めたと書いてあります。年貢を納めたということは、

この土地は熊野速玉大社の領地だったんでしょうか?」(會田一男さん)

郡山で見つかったのは紀州、すなわち、いまの和歌山との関係を示す史料だ。紀州は古くは紀伊国《きのくに》と呼ばれていたこともある。木村と紀伊国、どんなつながりがあったのだろうか? ちなみに、紀州・熊野は郡山から800㎞も離れている。

続いて、兵庫県豊岡市《とよおかし》但東町《たんとうちょう》木村へと向かう。だが、木村と紀伊国との関係を示す史料、証言はなかなか見つからない。それでも取材を進めると、気になる情報を入手した。

この地には木村古墳があるというのだ。古墳は1300年以上前の古代豪族の墳墓だ。また、周辺にはいくつもの古墳があるという。有力な豪族がこの地を支配していたと考えられる。この豪族と紀伊国にどんな関係があるのだろうか?

次に訪れた栃木県栃木市都賀町木《つがまちき》(旧・下野国《しもつけのくに》都賀郡木村)。この木村にもたくさんの古墳がある。ここで、取材班はその答えをつかむことができた。

この地に住んでいた豪族とは……。地元の郷土史研究家・小平豊さんは語る。

「奈良時代の終わりから平安時代の初めにかけて、下野国、いまの栃木県は東北征伐の前線基地でしたからね。ですから、軍人として紀氏《きのし》が相当、入ってきていたんです」

紀氏とは5世紀以降、大和朝廷で外交や軍事を担った有力豪族だ。本拠地は紀伊国。大陸との交易を取り仕切り、最先端の技術や知識を背景に、都をはじめ全国に拠点を築いていた。

なお、あの紀貫之も紀氏の一族。全国5か所の木村は、紀氏が築いた村だから、木村と呼ばれたのだろうか？

答えを求めて、5つめの木村、滋賀県東近江市木村町へと向かう。東近江市は古代から政治・文化のひとつの中心地であり、数多くの古墳や遺跡も発見されている。また、木村町には9基以上からなる木村古墳群があり、県の指定史跡となっている。

近くの遺跡、宮井廃寺《みやいはいじ》から、注目すべきものが発掘されているという。

「これは、宮井廃寺を創建した当初の瓦です。紀寺式軒丸瓦《きでらしきのきまるがわら》と言われます」（東近江市蒲生コミュニティセンター・田中浩さん）

紀寺式の瓦は紀氏が建てた寺に使われる独特の瓦だ。豪族、紀氏が現在の東近江市木村町周辺を拠点としていた動かぬ証拠といえる。

また、この村出身の木村さんが紀氏の子孫だとする資料も見つかった。

鎌倉時代の軍記物語『源平盛衰記』に「木村源三郎成綱という者は紀守中将成高の四代の孫」という記述があったのだ。

「木村という名字が紀氏と関係があることは初めて聞きました。紀氏の村から、木村という地名、名字が生まれた可能性は否定できないと思います」（紀氏に詳しい古代史研究家・中村修さん）

現段階では、仮説なのだが……。

「木村さんという名字はランキング上位なんですが、そのわりにいままで、ルーツがはっきりしていなかったんです。大きな可能性があると思います」（森岡浩さん）

ただ、なぜ木村さんはわざわざ「紀」ではなく、「木」の字を使ったのだろうか？

「成立当初、紀伊国は木国でした。和歌山県は雨が多く、森林が生い茂っているため『木国』と呼ばれるようになった。しかし、奈良時代初頭の713年に好字二文字化令により、『木』1文字だった地名を漢字2文字の『紀伊』にしたんです」（森岡浩さん）

つまり、木村さんがわざわざ「紀」ではなく、「木」の字を選んで使ったので

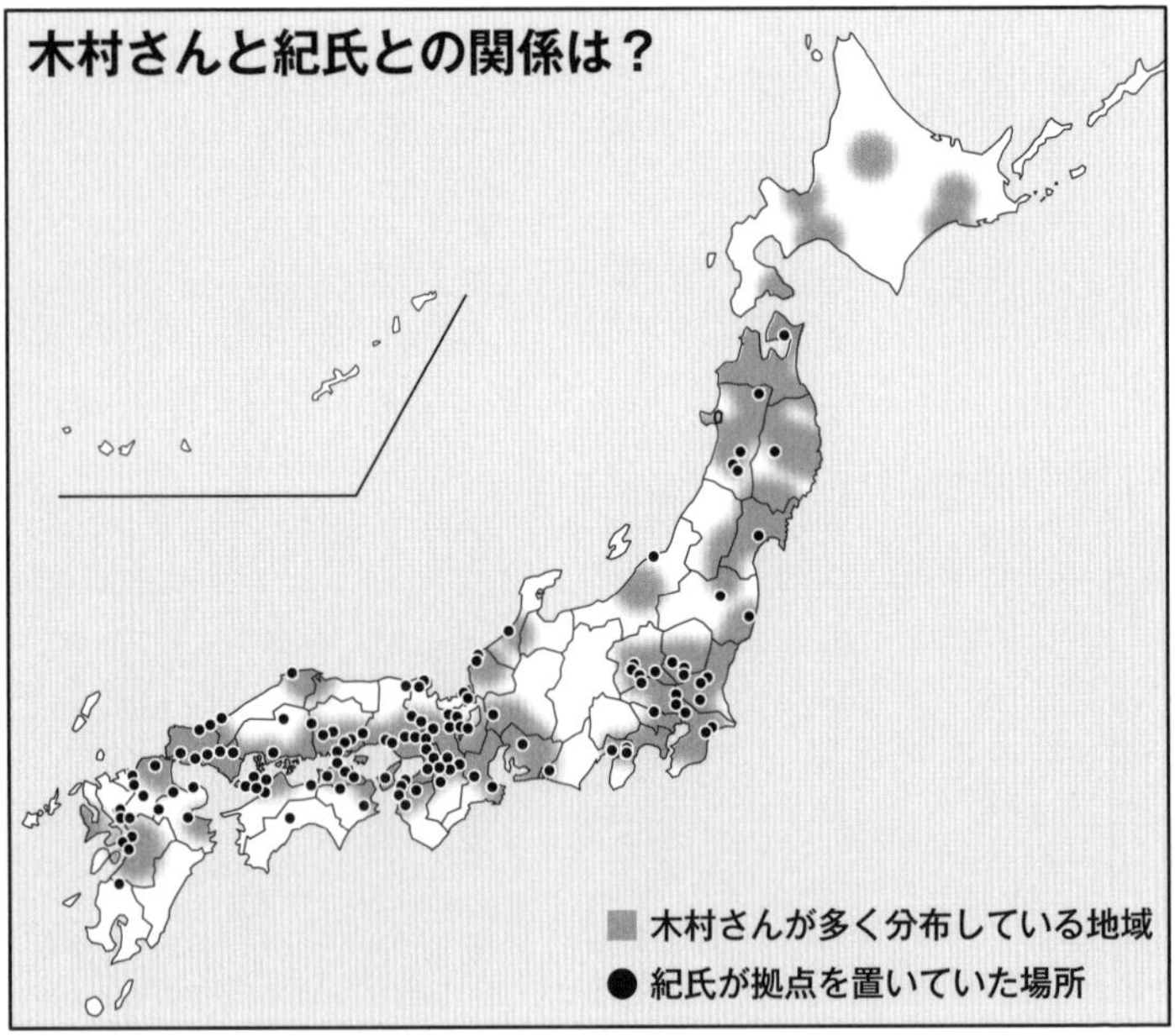

木村さんが多い地域と紀氏が拠点を置いたところはほぼ一致する

はなく、もとから「木」の字を使っていたわけだ。

番組ではさらに、木村＝紀氏説を後押しする傍証も発見した。

現在、全国で木村さんが多い地域と、紀氏が拠点を置いたところを重ねると右下図のようになるのだ。偶然では説明しきれない……。

◆…【村がつく名字】

【幸福さん】

つらい思い、明日への切実な希望が込められた名字だった！

幸せを絵に描いたような名字、**幸福**さん。超レア名字と思いきや、全国に約400世帯ほどあるというので、それほど珍しくない。
「1875年（明治8年）に公布された平民苗字必称義務令によって、国民全員が名字を持つことが義務づけられてから生まれた、新しい名字です。とくに、鹿児島県に多く分布しています」（森岡浩さん）
そこで、鹿児島市を訪れてみると、幸福運送、幸福住建、幸福はり療院……幸福がつく看板を次々と発見、街には〝幸福〟が溢れていた。聞き込みをしてみると、幸福さん発祥の地があるという情報が入ってきた。
「鹿児島市北部にある皆与志町《みなよしちょう》の山の上がルーツと言われます。いまでも、幸福姓の家が何軒もあるそうです」（幸福はり療院・幸福隆士院長）
市内からクルマで向かうこと1時間。集落には10世帯、23人の幸福さんが暮らしていた。幸福姓の由来を聞いてみると……。
「山村の農民は苦しい暮らしに耐え、苦しいご時世を渡ってきたので、せめて名前だけでも幸せにしたいと幸福姓にしたそうです」（幸福俊範さん）
約500年前、幸福さんのご先祖さまはこの一帯の開拓を、薩摩藩を統治していた島津家《しまづけ》から任されたという。しかし、桜島からの火山灰が積もった土地は稲作には不向きだった。厳しい年貢の取り立てに苦しみながら、芋のツルなどを食べて飢えをしのいでいたという。そんななか、心の支えとなったのが、浄土真宗本願寺派（一向宗）への信仰だった。
「薩摩藩は浄土真宗を禁止しておりました。信者は隠れ念仏の阿弥陀様《あみださま》を持って、山のなかで隠れて念仏を唱和しとったといいます」（幸福豊志さん）
戦国時代、信者の農民たちによる一向一揆が頻発していた。加賀一向一揆は1580年（天正8年）まで90年以上続いて、その間、大名は不在で信徒による自治が行われていた。

薩摩藩は信徒による一揆、宗門拡大を恐れ、また、信徒が藩より本願寺に納税しようとしたため、浄土真宗本願寺派を禁制としたのだ。隠れ念仏に対する弾圧は隠れキリシタン並みに厳しく、信者は死罪、流刑に処せられることもあったという。

市内の西本願寺鹿児島別院には「涙石《なみだいし》」と呼ばれる石が残っている。藩は信者の疑いのある人間を捕らえ、鋭角に尖った木材の上に正座させ、さらに太ももの上に巨石をのせて自白を迫ったと伝えられている。拷問の苦しみで流す涙が石に注がれたため、涙石と呼ばれているのだ。

明治に入り、薩摩藩による300年以上にわたる弾圧が終わりを告げた。

「古い時代と決別して新しいスタートを切り、夢や希望を託し、自由に生きようと幸福姓をつけたんだと思います」（幸福俊範さん）

◆…… 【めでたい名字】

特別対談 古舘伊知郎×赤木野々花

お名前、名字の謎を探ることで、
日本人をより深く知ることができる！

赤木　２０１８年４月から、番組サブタイトルが「人名探究バラエティー」から「ネーミングバラエティー」に変わりました。もうネタがなくなったなんて、周りから言われるんですけれど……名字は10万種類以上ありますから、ネタが切れることはないと思います。それに、身近なもののお名前には名字と同じような歴史、由来がありますから、番組のアプローチはいっしょなんですよね。

サブタイトルが変わっても、番組の本質は変わっていない

古舘　名字ネタは無尽蔵にあって、いくらでも深掘りできる。名字ネタをもっとやってほしいという意見も聞きますが、あまりレアな名字ばかり扱っていると、「俺は田中だから、そんなことはどうでもいい」「自分には関係ない」と思われてしまう。もともと、日本人のお名前、名字から始まった番組ですから、本籍地は名字にあります。本籍地の話ばかりをしていると、現住所の話もしてほしいということになる（笑）。そういう意見に耳を傾けたわけですが、名字は本流ですから、ときには必ず、本流へと戻らなけ

ればならない。

赤木　本流に戻ると、ちょっと新鮮というか、安心するところもあります（笑）。

古舘　もう2年近く番組をやっているのに、まだ、江戸時代までは武士だけが名字帯刀が許されていて、庶民が名字を持つようになったのは明治以降だと考えている人が多い。そんなことはなくて、約1500年前の飛鳥時代くらいから、庶民も名字を持っていた。この本でも紹介されているように、鎌倉時代以降、村という共同体のなか、それぞれの家々で名字を名乗るようになりました。

赤木　江戸時代までは、公式のものではなかっただけですよね。

古舘　それぞれの名字には立派な歴史、由来があります。改めて言いますが、名字は私たち日本人がどこから来て、どこへ行くのか？　そのヒントが詰め込まれた〝タイムカプセル〟みたいなものなんです。また、そのタイムカプセルにはご先祖さまたちの未来へのメッセージが込められている。そのなかには、私たちがどう生きていけばいいのか、示されていることも多いという。

赤木　ですから、毎回、驚きがあります。

古舘　「名字はただの記号」という考え方もまかり通っています。そういう固定観念を打ち破るた

めにも、この番組はやめられないし、名字ネタも続けなければならないと思っています。

赤木　使命感を持っていらっしゃるんですね（笑）。

古舘　リニューアル前にもペットのお名前も、取り上げていました。たとえば、犬は古代からペットとして飼われていましたが、庭先で飼うようになってから、名前がつけられるようになった。そういう名前のつけ方から、間違いなく、日本人が見えてくるところがあるんです。

赤木　明治に入って、なぜか犬に「カメ」と名づけるケースが増えた。その理由を調べていくと、横浜など外国人居留地で英米人がペットの犬に「Ｃｏｍｅ ｈｅｒｅ！」と声をかけていた。それが「カメ」に聞こえ、自分たちの飼い犬にも「カメ」と名づけた（笑）。なんか、素敵な由来です。

古舘　１９４５年８月30日、ダグラス・マッカーサー連合国軍最高司令官が厚木飛行場に降り立ちました。ところが、田舎のお婆さんたちは、アメリカから、松川さんがやってくると思い込んでいた（笑）。これ、本当の話なんですよ。

赤木　五十嵐さんは「いがらし」なのに、「いからし」と読むようになったのも、同じような理由ですね。

日本人は万物に対して、敬い、
誇りをもってお名前をつけてきた

古舘　日本には山川草木《さんせんそうもく》に神々の魂が

古舘伊知郎（ふるたち・いちろう）

1954年、東京都北区生まれ。立教大学経済学部卒業。1977年に現在のテレビ朝日へアナウンサーとして入社。新日本プロレスの実況で人気を呼ぶ。1984年に同社を退社、NHKと民放キー局５局にレギュラーを持つ。2004年から12年間、『報道ステーション』（テレビ朝日）のMCを務めた。2018年にはドラマ『下町ロケット　ゴースト／ヤタガラス』（TBS）へ出演するなど、幅広く活躍中宿っているという古神道の考え方が伝統的にあります。ですから、名字と同じように、すべてのものに願いを込めて万物に命名していた。そして、そこには言霊《ことだま》が宿ることになる。ですから、お名前の謎を探ることで、日本人のものの考え方が見えてきます。たとえば、2018年9月放送の「船の○○丸の謎」。船に○○丸と「丸」がついているのは……。

赤木　トイレの〝おまる〟からきているという（笑）。

古舘　食い気味に赤木さんに正解を言われてしまいましたが、船は海難事故が多いですけれど、それは悪霊によるものと考えられていた。悪霊は汚いものや臭いものが大嫌いなため、わざわざ不浄なものである〝おまる〟から「丸」をつけるようになったという説が有力だそうです。そういう考え方を日本人はしていた。

赤木　源義経の牛若丸、織田信長の側近、森蘭丸のように、武士の幼名に丸がつけられたのも、同じ理由だったという説もあるそうですよね。

古舘　平安時代の歌人、蝉丸《せみまろ》の「丸」を「まろ」と読むように、「麻呂」が「丸」に変わったとも言われています。しかし、江戸時代でも乳幼児死亡率は5割程度と言われます。とくに、男子のほうが弱い。幼名、○○丸には日本人の切実な願いが込められていたと思うんです。

赤木　ところで……。2019年のお名前界、最大のトピックスは新しい元号です。

赤木野々花（あかき・ののか）

1990年、岡山県岡山市生まれ。慶應義塾大学総合政策学部卒業。5歳から始めたハープでは数々の受賞歴、入賞歴がある。大学で国際政治を学んだことで、報道を志向、2013年にNHKへアナウンサーとして入局。徳島放送局、大阪放送局を経て、2017年に東京アナウンス室に異動。同年4月からこの番組のMCを務めている。『新世代が解く！ニッポンのジレンマ』にもMCとしてレギュラー出演中

古舘　２０１８年は高輪《たかなわ》ゲートウェイ駅でしたね（笑）。番組でも昨年5月に「元号ってどうやって決めるの？」で取り上げましたが、意外な話ばかりでした。

赤木　元号案は「平成」「正化」「修文」の三つに絞られていた。結局、昭和の頭文字「S」でない「平成」に決まったなんて、知りませんでした。

古舘　政府の「平成」制定担当だった的場順三さんに話を聞いたんですが、平成という地名、名字などがないか、インターネットのない時代、電話帳など名簿類をしらみつぶしにあたったそうです。ところが、発表後、現在の岐阜県関市に平成《へなり》という小字《こあざ》があることがわかった。

赤木　痛恨の思いだったとおっしゃっていました。

古舘　平成は今上《きんじょう》天皇陛下の諡《おくりな》、崩御後のお名前です。そして、新元号は新天皇陛下の諡になる。つまり、元号は人間のお名前にもなるわけです。また、今上天皇陛下は退位後、「上皇陛下」、皇后陛下は「上皇后陛下」になられます。上皇陛下が誕生するのは、皇室典範で終身天皇制が定められてから、初めてのこと。江戸時代の光格《こうかく》上皇以来、約２００年ぶりだそうです。私たちにとって、「上皇」「上皇后」は馴染みのないお名前ですが、みやびさ、趣《おもむき》もありますし、日本人の皇室を敬う気持ちが込められていると感じる。新元号は、日本人にとって誇りになるお名前になると信じています。

あとがきにかえて――

ご先祖さまたちがお名前に込めた〝いいこと〟を後世に伝えていきたい

太陽はやがて老いると膨張し、地球は飲み込まれる。子供の頃、なにげなく開いた図鑑で知りました。「未来はどこかで途切れちゃうんだな」と思いまして、「未来は明るい」といった、万博のような大イベントでよく使われるメッセージを耳にするたび、「そんなのウソじゃんか」と心のなかでつぶやいていました。

ところが、「お名前」とは、真剣に未来の存在を信じ、子や孫、もっと先の子孫のために伝えるメッセージです。

たとえば、「地切さん」という名字。私たちが取材したところ、地切という場所に住んだ人たちが名乗ったことがわかりました。そして、地切とは地が切れる、つまり山が崩れてしまうことであり、ご先祖がきっと「このあたりは土砂災害が起こりうるから、気をつけるんだよ」と子孫に伝えようとしたのだろう、という思いにたどり着きました。庶民の誰もが読み書きできるわけではなかった時代、しょっちゅう口にする地名や名字にメッセージを込め、子孫を思いやったのではないか。それはもちろん現代からの推論ではあるのですが、そ

あとがきにかえて　亀山　暁

の思いは尊いと、私のような人間でも素直に感じることができました。

大阪に多い「○○谷さん」は、商人の町で武士と対等に渡り合ってきた自分たちの屋号を、誇りとして子孫に伝えています。源頼朝からいただいた名字の「鰭崎さん」たちは、自分たちが頼朝を助けたことを後世に伝え、もしかすると、人助けをする大切さも一緒に伝えているのかもしれません。さらに、「鰭崎さん」たちが子孫に何かを遺そうとしてくださったおかげで、もし伝承が本当であれば、『吾妻鏡』にも記述がない頼朝の行動や当時の気持ちを、いまの私たちが垣間見ることができる幸運も運んできてくれました。

「未来」という言葉は、少なくとも私にとって、明るい可能性も、暗い可能性も、両方含んでいるものとして聞こえます。そして、これまたなぜか「明るいと思え」と強制されているような気がしてなりません。それは、小学校の時の先生が「未来は明るいんです」と根拠なく繰り返していたことに反発したからなのか、図鑑で見た地球と太陽のことが強烈に残っているからなのか、わかりません。でも、これもなぜか、「子や孫たちのために」と言われると素直になれるのです。

「お名前」とは、他の誰でもなく、「未来」という漠としたものでもなく、子孫に伝えるメッセージ。番組ではいつも、そこにたどり着くことを目指しています。でも、たどり着くのは現代ではとても大変な作業になってしまいました。庶民の誇りや思いはほぼ全て口伝であり、史料は残されていません。さまざまな分野の専門家に話を聞き、現場に何度も足を運んで、バラバラになったパズルのピースを集めます。ピースが全部、揃うことはありません。見つけられなかったピースは何か想像しなければなりません。そのとき、頼りにしているのが、子孫へ伝えるメッセージなら、きっと誇りや大事にすべきことなど、〝いいこと〟であるはずということ。そう思って初めて、全体像が浮かんでくるのです。

私が「お名前でメッセージを伝えることは尊い」と感じることができるのは、読み書きができなくとも〝いいこと〟を伝えたいと真剣に願う、その気持ちに触れられるからなのだと感じています。

私の名字は、ひらがなですと4文字です。現在、普通に使われるひらがなは46ありますから、ひらがな4文字の組み合わせは46×46×46×46＝4477456、447万7456通りあります。その中から、誰かが「かめやま」という組み合わせを選んでくれたはずです。ですが……なぜ自分が「かめやま」なのか、いまだに調べたことがありません。ご先祖さまのどなたか存じ上げませんが、ごめんなさい。

NHKエデュケーショナル チーフ・プロデューサー　亀山《かめやま》 暁《あきら》

【監修者プロフィール】

森岡 浩 Hiroshi Morioka

1961年高知県生まれ。早稲田大学政治経済学部卒業。在学中から日本人の姓氏に関する研究を独学で始める。文献だけにとらわれない実証的な研究への評価は高い。著書に『名字でわかるあなたのルーツ』『名字の謎』『決定版！ 名字のヒミツ』ほか多数

日本人《にっぽんじん》のおなまえっ！

【日本《にっぽん》がわかる名字《みょうじ》の謎】

2019年2月10日　第1刷発行

［編　者］　NHK 番組制作班《ばんぐみせいさくはん》

［監修者］　森岡《もりおか》 浩《ひろし》

［発行者］　手島裕明

［発行所］　株式会社集英社インターナショナル

〒101-0064 東京都千代田区神田猿楽町 1-5-18

電話 03（5211）2632

［発売所］　株式会社 集英社

〒101-8050　東京都千代田区一ツ橋 2-5-10

電話　読者係 03-3230-6080

販売部 03-3230-6393（書店専用）

［印刷所］　大日本印刷株式会社

［製本所］　株式会社ブックアート

Printed in Japan ISBN978-4-7976-7368-5 C0095